當台大人遇見通靈人
筆先生◎著

推薦序一　以入世觀點解讀無形世界

工業革命以來，人類的科技發展一日千里，如今幾乎已達到無所不能的地步，稱之為巧奪天工，亦不為過。在七十年前，原子彈發明之後，殺戮的技術日新月異，早已足以毀滅整個地球而有餘，現在就連創造生命的技術，也逐漸充分掌握在人類手中，種種改造基因的生物層出不窮，複製人類、改造人類基因，也有許多科學家胸有成竹，從這裡勇往前進，科學似乎已成為無法控制的怪獸，將對人類乃至整個世界造成何種大患，無人知曉。

然而在科學昌明至於斯極之今日，人類的生活型式更加艱難，除了愈來愈頻繁的天災人禍、瘟疫戰爭之外，新科技之出現往往令貧富更加懸殊，贏家與輸家差距更大，強國愈強而弱國愈弱，尤其在七十億人口中，約十億難以溫飽，其中甚多難免輾轉溝壑、凍餒以死的厄運，而且情勢還在快速惡化。在此同時，經濟動盪、災難迭起，從金融海嘯以來，三年於茲，整個人類至今仍生活於恐懼惶惑之中，沒有寧日。雖生活在這個科學昌明的世界，卻有多少人敢自認比較幸福？

物質世界的動盪不安絕非決定幸福與否的根本要素；心靈上的平靜、精神上的安寧，與親人、朋友、周遭人群、整個社會乃至一切生物及大自然的和諧相處，從古至今，無疑方才是幸福的真正泉源。但在今日的世界，瘋狂追逐外物、追求種種興奮、刺激、極度的嗜慾，親情日趨淡薄，倫理長幼斥為封建落伍，朋友之間爾虞我詐，利益在前攘臂相爭不擇手段，在暴力遊戲中的青少年嗜血成性，這正是物質享受日高而人類愈不幸福之關鍵。尤其，身處於災禍連連、動盪不安的大環境中，不論中外，終得在宗教信仰中求得寄託與慰藉；但科學的邊界無止境地外擴，讓宗教的領域不斷退縮，更使其遭受愈來愈嚴酷的挑戰和質疑，同時，全球化的世界讓人類文明直接碰撞，不同宗教之間的矛盾、衝突暴露無遺，挾一己信仰大肆殘殺、屠戮異教者之行徑也愈見囂張，人類最後一線求得心靈平靜、精神寄託的希望，正飽受摧殘。

但不論科技如何發達，永遠有一個缺口，那就是在最精密的儀器所無法測度、不能憑藉重複的實驗加以證實之那個廣大的領域，也就依照字義，感官不能認知的無形空間。古今中外，每個社會，都無法完全否定、背棄無形空間，即使罕言命與天道的聖人孔子，情不自禁，也高喊：「天喪予，天喪予！」冥冥中那個不可知之天，在華人社會裡早已根深柢固。

其實，正當科學疾步走向極致時，對心靈的探索、無形世界之追尋，也愈來愈受到重視，東方世界對佛學老莊之熱衷固無論矣，西方世界「新時代」思潮之興盛，尤其藉「二〇一二」之馬雅傳說而掀起之熱潮，來勢更為猛烈。然而不論古典還是新潮，對無形世界的探究，不是偏重怪力亂神，就是著重心靈修養、哲理探討，因此、靈學研究，汗牛充棟，對無形世界之認知，仍普遍存在著一知半解、以管窺天的偏失。尤其諸多強調與神靈對話者，多是偏向宗教、靈修之通靈人，因而其重點幾乎都集中於精神層面，對於無形世界究竟是何種相貌、結構如何，如何運作等，一概諱莫如深，留下了一片極大的空白，沛恩的這本書正好做了重要的補白工作，這與他的學習背景有極為深切的關係。

年紀輕輕，大學甫將畢業的沛恩，一生很可能就跟台灣大多數年輕人一樣，隨波逐流，渾渾噩噩，一輩子在功名利祿乃至物質慾望中打滾。但他卻有一段十分離奇的際遇，大一時突然身中群醫束手的怪病，說他身心飽受煎熬，幾乎到了求生不得的困境。他抱著病軀，四處求醫，同時還勉強完成了台大經濟系的學業，不知是他太過聰穎，如願順利通過經濟系的艱難挑戰，還是如今的課業挑戰輕易而能過關，撐持著他自稱生不如死的殘軀也能順利達陣。不論如何，當沛恩結識L老師時，他的狀況及背景與一般靈學書籍的作者迥異。除了同樣對無形世界感到高度好奇外，他具備了初步的經濟學素養，對一般社會科學也略有涉獵，再加上他有一股藉科學探尋無形世界的渴望，就完成了靈學界第一本以入世觀點嘗試解讀無形世界的入門書。這在靈學書籍中據我所知應該是石破天驚的第一本，而且從經濟學乃至其他社會科學的角度去看，也別無先例，走出了一個令人耳目一新的方向。

經濟學在過去兩百多年，建立了一套自詡為科學的分析方法，對諸多問題都有十分獨特而且相當切合人性的觀察角度，因而運用其方法去探究一個陌生的世界時，可以快速地深入許多問題之底蘊，發掘出一般觀察不到的事實。儘管沛恩的惡疾對經濟學的學習必造成極大的阻礙，但自其分析方法與過程觀之，他仍然可以十分稱職地駕馭這一套分析方法。就此而言，他已經在靈學研究中開拓出一片新天地，循此方向，未來應會有更深入而嚴謹的觀察問世。

就沛恩與L老師兩人問答而發掘出的無形世界而言，依我的拙見，無形世界的結構、運作方式、行為模式，大部分都合乎理論與經濟運作規範，幾乎找不出杆格不入或違背基本原理的瑕疵。因此我認為他們的觀察與推理可以肯定，而這個無形世界的運作也是合情合理，經得起推敲的。

從另外一個角度看，無形世界在經濟、政治、法律等方面所面對的問題，與現今的人類社會大致相同，只是有幾個基本設定大為迥異。首先是其中成員的基本性向，他們不追求物質利益、利他而不自私；其次，無形世界並不以實存的物質為生，而代之以能量及功德。在這兩個基本設定之下，無形世界建構了一個可以與人類社會類比但基本設定不同而出現相異結果的背景。其實這種遊戲是經濟學家最樂此不疲的對象，如常見的「勞工參與經濟」即是一個樣板。因此，將最精湛的經濟分析方法套進這樣的類型，一定會得出極為相似的結果，不僅可以讓我們對無形世界有更深層的瞭解，而且，如果有朝一日，現實改革社會的成員將利人而非自利做為主要的行為動機，對功德的重視遠過於世俗之利益，這上述分析結果也可以適用於人間的天堂。而且不僅經濟情勢如此，政治法制、法律架構亦莫不然。則沛恩所轉述的新方向，不僅可以讓經濟專家試身手，描繪出有若仙境的人間美麗新世界，做為我們嚮往追求的目標。

不過，一切有關無形世界的探討、論述，最重要的一件事，就是負責觀察者，態度是否誠然，思路是否清晰，表達是否明確。依我的觀察，方才弱冠的沛恩，對其所聞及所知，應該竭其所能忠實陳述，他的理路之清晰，從他與L老師的對談中可以清楚窺見，最令我驚訝的是，對一個勉強從台大經濟系完成學業的年輕人而言，他的文筆極佳，尤其從第一個草稿到最後的完稿，可以看見他文字愈來愈洗鍊，文采愈來愈豐富，遠超過他的同儕。關於L老師，雖然未謀一面，但從沛恩的轉述及其談吐中，可以明顯感受其真誠及智慧，他對無形世界的觀察平正而深切，極具可信度。將這些條件齊備，這本書實在是一個難得之作，我很期待不斷成長的沛恩，可以運用更充分的學業知識與更銳利的分析能力，跟L老師繼續合作，再接再厲，循這個新方向走出更重要的里程碑。

前經濟日報總主筆　馬凱教授

沛恩是我就讀台中一中時的同班同學，也一直是我的死黨。他的個性爽朗且有衝勁，只要對事情下定決心後，就會拼命去達成。我們同住在豐原市，每天都必須在一大早搭車通勤，而為了省去兩小時的通勤時間，在高三學測的最後衝刺階段，他決定破釜沉舟地搬到了一中附近的公寓住。

我還記得他那時候這樣對我說：「雖然我高一、高二的成績不大理想，但我相信好好把握最後這半年一定還是有機會的！但若是在這最後關頭懈怠就等於是前功盡棄。所以我現在每天都念書念到快十二點，一大早五點爬起來繼續念，不再讓任何時間浪費掉。雖然辛苦，但我很希望能和大家一起上好學校，再續同學緣！」由此可見他的行事態度和決心，以及，我們共同的約定。

畢業後，沛恩和我分別選擇了台大和清大就讀。雖然分隔兩地念書，未能實現當初的約定。但我們仍常常用電話和MSN分享彼此最近的動態，回豐原時也時時相約打球並聊著對未來的憧憬。在成長的路上，他看起來總是那麼地順利且對未來從容不迫，誰都沒想到一場莫名地大病嚴重打亂了他的步調，但卻也是這樣，讓同是科學人的他，看見科學之外的那片天。

其實對我們這種既讀理工，又沒有特別宗教信仰的學生來說，靈學一向是我們不會去碰觸的領域，因為我們對它既無法做出解釋亦無法完全否定，當然更談不上打從心裡認同它了。但是，隨著成長路上的閱歷漸增，我們這些年輕人也都會開始面對這些看不見卻又和生命息息相關的事。比如說逢年過節去各大廟宇上香祈福的意義、參加宿營夜遊前為何要先拜拜、親友逐漸離我們而去……等等。

這一切都是我們未來將面臨，但科學又幫不上忙的事，我們究竟該如何自處呢？

我很替我這個朋友感到高興，雖然他因為這場大病讓他的大學時光都處在水深火熱之中，卻也因此而認識靈學和那形而上的世界，並得以開始思索生命意義之所在。本書主要描述的便是他在接觸這「玄虛飄緲」的靈學時，用自身知識和科學態度來探討靈學的種種心態。

書中描述手法相當特別，我從來沒想過政治、經濟、物理等科學，竟然也能用來當作對無形界的思考框架。例如書中探討了紙錢真的是陰間貨幣嗎？那會不會讓陰間通貨膨脹呢？是故，當沛恩遞給我看第一版熱騰騰的手稿時，我就被書裡有趣的內容所吸引，欲罷不能一看再看！作者運用各種角度分析，透過與通靈人士的對話和自身體驗，讓靈學也能生動起來，並帶領讀者揭開靈學的神秘面紗，使它不再是我們一般人難以碰觸的知識。我想這是一本適合所有人的書，讀完本書的同時，我相信你（妳）將會開始認識心靈上的自己，並對靈學有更深一層的瞭解。

作者好友　清大電機所研究生　林斌彥

書評

沛恩學弟具有經濟學與國際政治的學養，其著作不但是個人的親身經歷及體驗，更試圖以社會科學的角度分析靈學問題，其內容為目前市面上任一本靈學書籍所未見。讀完之後，不但讓人對靈學問題有一番全新的認識，更驚訝原來社會科學不但可分析人界的司法、選舉與公共財問題，亦可用以探索天界的法律、政治和經濟。我認為，本書實屬難得之作。

（陳玉奇　大法官釋字六八四號釋憲申請人　台大國發所研究生）

人類對於無法感知的世界總是充滿好奇，諸如前世因緣、輪迴以及紙錢的有效性等。但是，靈界現象的真偽，總讓不曾親身經歷的人們難以體會與確信。本書藉由與通靈人第一線的接觸與對話，引領出一般人對死後世界各種疑惑的解答。最特別的是，其中對無形界的陳述緊扣著科學概念，並做出現實世界與無形界的異同分析。是真是假，由讀者自己來決定，但其對靈學嶄新的詮釋筆法，是值得您一看的！

（沈建佑　台大財金所研究生）

世間任何一件事物本來就是有所謂『一體兩面』，或甚至『一體好幾面』的呈現。在這個以物質科學為主的世界，作者大膽地提供一個嶄新的思維，用親身經歷，以理性的角度去接觸與分析對一般人而言總是虛無飄緲的靈學。而此書除了大大拓展讀者們的視界，也頗有讓人思索生命意義究竟為何的意味在。

（施廷諭　陽明醫學系學生）

一位有著特殊生命歷程並一腳踏入科學未及領域的台大生，憑藉著廣闊的學識以及親身體驗，以獨到的詮釋手法，帶領讀者深刻地思索著從未知世界傳達到「人間」的訊息，並重新看待自身所處的世界，加以認識及領悟。本書值得各位讀者暫時先拋開既定的成見，來趟激盪的靈學探索之旅。

（王順發　交大應化所研究生）

一個剛踏進台大沒多久的少年，卻因為一場找不出原因的暴病，從此走入一段常人難以想像的生命旅程。歷經生死難關的他體認到，原來科學無法解釋的空間確實是存在的。但他卻能秉持理性而不淪為迷信，且冷靜地觀察所謂的無形界。

筆者用詼諧的口吻分享他的生命歷程，更將他所接觸的靈學以貼近常人的思考方式，忠實呈現給讀者。這也讓我在看完這本書後，開始思考，天界究竟是不是人們夢想中的那個烏托邦呢？

（邱漢坤　清大資工所研究生）

總結來說，這本書帶給我很大啟發，我想生命就該這麼積極！不是嗎？讓我感動的是，沒想到我這同學獨力承受多方面的痛苦，卻絲毫不減其求生意志，並能夠不斷探索生命意義之所在，換作是我可能早就放棄了吧！

接著，他一連串奇妙不可思議的遭遇讓我大開眼界，這對我們這些號稱知識分子的大學生無疑是非常大的衝擊！雖然至今我仍對靈學的真實性感到半信半疑，但這些體驗由一起學習成長的筆先生口中說出，倒也讓我開始思考那科學以外的世界，是否真的存在呢？最後，撇除靈學是否能夠被驗證，就分享角度而言，我可以確定，看完這本書必定會對自己的生命有更深的體悟！值得推薦！

（張淳富　台大資管所研究生）

本書相當有趣的將現代學術應用在常人所看不見的無形世界上。雖然，對我這種滿腦子科學的人依舊感到相當不可思議，但回頭想想，科學所無法解釋的事情真的是不少，或許在物質世界外真的存在其他空間吧！因此，在放下既有成見來欣賞此書後，確實帶給我另一番視野和體悟。

（王士榮　台大國企所研究生）

人的意識在生前為何物？死後又將何去何從？
常人所無法見識的世界，今日將由筆先生帶領讀者們一窺究竟。
不同於傳統上純粹對善惡的見解，
本書結合現實存在的科學觀來探討無形事物，
讓其不再是個抽象而難以想像的空間，

相信讀者們必定能從新的角度對另一世界有所體會。

（陳柏諺　交大電子所研究生）

獨特的人生經歷，內藏許多驚奇，不同的人生觀，十分發人省思。

（李昱翰　成大航太所研究生）

作者以自身經歷出發，細緻陳述思想上的大轉折，並以所學活用解釋。或許人類永遠也無法接觸到真理，但從長期角度檢視，吾人總能漸行漸近。而相較於自然科學在三百年前所謂的的「大突破」，當今的社會科學或許正站在起跑點上蓄勢待發。在面對現代西方學說眾說紛紜的局面，如本書作者這般希冀，自東方傳統重新發軔的研究工作者應感到欣慰，因未來的世界，將可能因此而改變。

（法蘭克　政大經濟系學生）

在科學蓬勃發展的今日，仍然有一個問題爭議尚多：心靈和物質的關係是什麼？科學界似乎都有一種想法，認為心靈就是物質的一種結果，所以身體死了心靈也就不存在了。但這種說法也有很多值得懷疑的地方，心靈和物質差異那麼大（例如一個佔有空間，一個沒有），那這種關聯如何成為可能呢？甚至有一些心理學實驗發現，人會在身體明明沒有痛的物理事件發生時，卻真實的感覺到痛，這似乎暗示了，心靈和物質未必有絕對的關係。我想在這類問題得到更明確的解答前，這本嘗試用新角度去探討靈學的書，有相當參考價值在。

（羅盛華　台大經研所研究生）

自序　讓靈學不再虛無飄緲

靈學，是一門最古老卻又最先進的學問。何以言之？早在人類歷史長河的開端，就已有對靈魂及鬼神的大量記載和討論，這在古埃及、古印度以及古中國文明皆可見之。直到了工業革命出現，人類文明開始全力衝刺物質科學的發展，而這一塊「看不見也摸不著」的形上領域，就暫時被擱置在科學知識體系外，甚至被打入「不科學」的冷宮中了。

但是，之所以會造成這個結果，並非靈學不能用科學去加以詮釋；而是以現代物質科學的發展，尚難以觸及這些非物質的存在，當然更別說是研究了。所以，說它是一門超越現今科學的先進學問絲毫不為過。

而既然靈學也是一門和我們生命息息相關的學問，那麼，誰說靈學一定要弄得玄虛飄渺，眾說紛紜，反倒讓人接觸之後對生命更感迷惘，甚至是落入迷信呢？

再讓我們想想，科學的終極目的不就是要找出那貫穿宇宙萬事萬物的絕對真理嗎？那為何我們不試著也用吾人追求真理的方式—科學，來試著看待和理解超越物質世界的存在和運作呢？

是故，也不知從何而來的靈感和緣分。我，筆先生，在尋找生命意義的旅程中，有一天忽然腦中一閃，遂決定秉持著科學理性的態度，並運用貼近一般人生活思維的全新寫法，來去描繪和思辯所謂的無形世界。

我希望藉由這種全新的描述手法，能讓無形界的存在不再讓我們這些平凡人感到那麼地虛無飄緲，轉而能以一個正向態度去思考和看待，而非「寧可信其有」的苟且心態，最終能夠跳脫迷信和鐵齒的束縛。

以這些突發其想，再加上我那特別的生命歷程以及對無形界人事物的接觸。這本書，就這樣一點一滴的完成了。

本書的第一篇，主要描述著筆者獨特的生命旅程。在一場生命的試煉中，由一個反神論者走進靈學的世界中。希望藉由筆者的分享，也能讓大家思索生命的意義究竟在何方，而不只是侷限於物質世界的那個自我。

本書的第二篇，以科學與靈學的交鋒為題，筆者試圖用平易近人的基礎出發，希望能藉由通靈人所見，來描繪出無形界可能樣貌。並進而拋磚引玉，期盼更多探索靈學的人士，也能用比較明朗和理性的態度去呈現那個看不見的世界。

至於第三篇，前半部是筆者的親身見聞，忠實描寫了我這個平凡人的不可思議遭遇。後半部則是筆先生對靈學的一些想法。

最後，筆者希望大家在看這本書時，不是拘泥於內容究竟是全然可信抑或是全篇謬論，畢竟這些都只能做為「分享」，而沒辦法完全證明。所以我更希望的是讀者們能藉由這些分享，敞開「全物質」的思維框架，去感受心靈的自我和空間。如此一來，相信各位也將找到自己的生命意義和幸福所在。

目錄

第二篇　台大人遇見通靈人——科學與靈學的交鋒

第三篇　筆先生的無形趣談——親身體驗的不思議

第一篇

來自死神的成年禮

——歷重病悟生命意義

前言與作者簡介

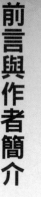

在談本書的主題——科學與靈學的交鋒以前，我想，必須先從筆者的故事開始談起。因為，要不是這一路走來獨特的生命旅程，也許像我這樣鐵齒的人，這輩子應該沒機會碰觸到這些不可思議的事物吧！當然，也不會去探究生命的意義以及死後的世界究竟為何了。

大家好！我是本書的作者——筆先生，生長於一個四代同堂的傳統家庭。正如同一般台灣家庭，我們家也供奉神明和祭拜祖先，並重視習俗的傳承。因為從小就愛看書，再加上考運總是不錯，所以我的求學歷程總是順遂，一路考上台中一中和台灣大學。不過，我卻在科學的洗禮下，逐漸以受過教育的知識分子自居，「給我科學解釋，其餘免談」幾乎成為我看待萬事萬物的唯一準則。自此之後，我開始不相信宗教具有什麼實質意義，甚至偏激到對科學解釋範圍外的現象都斥為無稽之談，成了名副其實的「鐵齒哥」。

直到十八歲那年，最疼我的爺爺仙逝而去，讓我悲傷不已。這件事使得附著在我身上那強烈的「科學魂」產生重大變化，讓我開始認真思考生命意義與死後的世界，但是，卻不了了之。十九歲時，我生了一場莫名其妙的重病，遍尋天下名醫而無人能解，就連我深信不疑的科學和現代醫學都棄我而去，也逼得我必須自己去尋找生命中的答案。三年內，我為了這場暴病付出了極大的心力來尋求康復之鑰，但這卻只換來一次又一次的希望落空。

最後，我又退回原點，是暴病之初的生不如死。正當我準備放棄這場人生，想要一走了之時，卻峰迴路轉地讓我體認到無形界的道理和現象，並遇見了心地善良且值得信賴的通靈人。從此之後，我的生命又再次起了重大改變。不但因為漸漸體悟無形界和古中醫的道理，讓我漸漸找到破解這場纏綿數年大病的金鑰，也因為感受到靈魂的存在，讓我慢慢看清生命的意義和本質。

筆先生有著台大人的特質，那是追求平凡中的不平凡以及凡事追根究柢的精神。在生命的旅程中，我不斷地在探索生命的意義和價值究竟為何，因為我想要找到真正幸福之所在。但在過程卻發現，要找到這些，勢必就要跳脫物質慾望的束縛，朝形而上的心靈層面去追尋，其中當然也包括科學所不能解釋的那一大塊。所以，筆先生在第一篇想要述說的，便是這個原本眼中只有科學和物質的鐵齒哥，歷重病一路走來的轉變和心得。這裡面有著我對生命的體悟，對這場重病的抗戰心得以及對無形界的認識。

最後，我敢保證文中的字字句句都是我用最真誠的心所記錄下來的心情點滴，所以也希望能夠引起諸位讀者的共鳴，謝謝各位！

起 從天堂到煉獄

寫在爺爺辭世之後

還記得，十八歲以前的我，就和絕大多數台灣學子一樣，把滿滿的青春都投入「升學遊戲」裡頭來玩。只不過我比起其他孩子幸運些，不但在成長過程中一路順遂，並且能成為升學遊戲的佼佼者，可以說是站在「人生勝利組」這邊。直到某一天，那個讓我有生以來第一次感到悲痛的噩耗傳到我耳邊。原來，就在我拼命念書的這一年，最疼愛我的爺爺病情持續惡化。長腫瘤就算了，到最後還因為肺積水而全身插滿管子。

在我確定考上大學後趕緊去探望他，只見到爺爺已經很虛弱的躺在床上，在那當下，我還真不知道究竟是西醫「凌遲式」的治療讓他這麼痛苦，還是單純只是病痛折磨。那種飽受折磨而憔悴的面容，真的很難讓人聯想到他曾是保家衛國的勇士，曾站在大時代的巔峰看著歷史洪流。遙想當年爺爺徒步行軍足足一年從四川到山東去反擊日寇，也歷經過國共內戰的兵敗如山倒，但他始終沒有被 垮，仍然努力的生存下來。這回再見到這個老兵，卻是如此地搖搖欲墜，讓我這個孫子看了很心疼。每每見到他因為抽痰的痛苦而面貌扭曲不斷呻吟的樣子總讓我暗自掉了不少眼淚，只是，我只能在旁邊坐立不安，完全無法分擔他的痛苦。

而在他逝世的前幾天，我去探望他時，忽然見到他以很哀傷虛弱地語氣望著我說，這幾天不知道是作夢還是怎樣，竟然常會靈魂出竅並回到家中徘徊。可是，他卻發現家中空無一人，這讓他很害怕難過，不知何去何從。說著說著，只見到爺爺緩緩流出眼淚。那時仍為鐵齒哥的我聽到這種話，真的不知道要怎麼回應爺爺。我當然深信爺爺不會騙我，但卻也不相信這世上會有靈魂出竅這種事。當時的我，就只能把這個科學無法解釋的述說先藏入心坎中。

最後，爺爺已插滿管子而無法說話。我去探望他時，兩人幾乎只能以眼神相會。還記得爺爺離開人世的那天下午，他用充滿淚水和思念的雙眼看著我，彷彿還有什麼事想告訴我，並在我轉身要離開時突然潰堤。第一次看到爺爺這樣，我還不明白為什麼，只是當下有種很不好的預感，結果爺爺就在當天晚上辭世了。

人生初次看到最親的人在面前與你天人永隔，你會是怎樣的感受呢？對我來說，第一次和至親的生離死別確實是讓我難以接受以及傷痛萬分的。

在接到死亡通知的那一刻，我們全家狂奔進醫院，希望能來得及見爺爺最後一面，可惜爺爺還是先走了。當時的我握著爺爺的手在他床邊痛哭，恨自己沒有多陪他一點時間，我真的好想再跟他說說話。腦中不斷湧現的是小時候他背著我、抱著我的溫馨回憶，但沒多久後卻都化為無止盡的思念和悵惘。

爺爺辭世帶給我心靈上很大的衝擊，這讓我在人生中第一次認真思考死亡這件事。雖然才剛考上理想的志願，仍沉醉在勝利的凱歌中，但這時卻突然感受到人生是如此地苦短和無奈。我想，就算今天爬上總統或首富的位置，仍然逃不了一死的命運。而就在往生的那一刻，無論是物質或是情感，一切將重歸虛無。那段時間，只要一想到這種「失去親人」甚至是「輪到自己死亡」的場景還會再度重演，就讓我對未來感受到無限的沉重。

有信仰的人相信人死後帶不走在凡間的一切，唯獨這輩子的功過會跟著你的靈魂到另一個空間去接受審判。但像我這種只信科學的鐵齒哥可就慘了，都不相信靈魂的存在，那死後還真的是完全消失殆盡，一點兒也不剩。而既然一切都將歸零，那麼，人在這世上的生命意義究竟是什麼呢？是不斷爭名奪利來換取物質享受嗎？可是照這樣看來，無論這些有形的享受多麼充裕，到最後都盡是場空吧？況且抓的愈多，不捨卻也愈多，徒增痛苦罷了，卻又何必呢？我開始對生命的意義感到極度的迷惘……

台大新鮮人

然而，在台大開學前夕，我仍然沒想透這些人生大問題，但很快的便是系上的迎新和聚會，這些歡樂的氣氛倒是暫時沖淡了我對生命意義的深思。從正式踏上椰林大道成為台大新鮮人的那一刻起，我決定先放下過去，展開全新的大學生活。剛開學沒多久後的我可是超級認真的，每一堂課不但會早到先進行預習，只要一有空還會窩在圖書館裡充實知識。但也不知道從哪時候開始的，我竟不知不覺的從「理想型」大學生逐漸退化成「墮落又庸俗」的大學生。

差不多在過了期中考後，我開始墮落到每天睡到快中午才自然醒。早上的課不用說當然幾乎都被默默翹掉了。雖然我也曾雄心壯志的參加了許多社團，卻常常缺席。下課後不是忙系上活動就是夜衝以及宅在宿舍和室友打網路遊戲到深夜。在寒假前接到第一學期成績單後，我才痛定思痛，決定下學期好好重新開始。

大一下的我，不知為何地開始對未來感受到巨大的焦慮感。也許是在台大高度競爭的氛圍下，讓我深深感受到每個同學都相當優秀，而當下再回頭看看自己，我竟是如此微不足道，我想再不積極向上的話，還真的是前途堪憂啊！

所以，我決定開始實施我的「維新運動」，積極朝著社會價值所認定的「上進青年」路線邁進。除了在本科認真聽課和溫習外，一有空我就窩在圖書館閱讀「職場社會型」雜誌，如天下、遠見、商周、Cheers、Career、財訊、Asia Week、時代雜誌……等，開口閉口不是工作財經就是國家大事。此外，我在課餘時間還兼家教，並做出口碑，得到很多家長的信賴外還賺了一筆錢。最後我還向那些優秀的學長姐看齊，積極報名企業實習和海外交流團，以增加職場歷練和人脈。搞了一大堆，我只是不想輸在起跑點上，只是想讓人家看得起而已！但回頭一望，上大學的意義是什麼？而所謂的絕對真理和生命價值究竟在何方？我根本就忙到沒時間去思考這些沉悶的事。

就這樣，每天生活只為了不斷向上爬且追求卓越的我，不知為何竟變成物質慾望很強的享樂主義者。所謂今朝有酒今朝醉，反正這些都是自己賺來的錢，一部分拿去儲蓄外，剩下的不用來犒賞辛苦的自己還能幹嘛？所以我常常早餐就可以吃到上百元，買一堆非必要的商品，然後常常在午夜時一個人在東區喝茶吃宵夜。我想，這輩子的價值就是做好自己分內工作，並努力爬向金字塔頂端。然後，要好好享受當下，不然哪天死了就都沒了。沒錯！人生不能虛擲光陰，因為要把握時間盡情享樂。

看起來我的人生過得很積極，但是我卻對未來依舊感到徬徨和困惑，而雖然我努力追求更好的生活，卻總覺得生命是愈活愈空虛。「難道享受財富和權力不是一件快樂的事嗎？為什麼只有我快樂不起來呢？」但看著身邊優秀的同學和學長姊們都選擇這條路線，我似乎也找不到更好的人生攻略。我有點心虛的對自己洗腦：「現在先吃點苦，我相信等到哪天我的年薪也超過一百萬時，一定就可以過自己理想中的樂活人生了！」但沒想到我這個維新計畫也只維持了大約百日，凡人的美夢自然也還沒實現。而就在此時，老天爺就決定送我一個獨一無二的成年大禮！從此我的人生便走向一條與眾不同的道路。

恐怖的衝擊

二〇〇七年五月中旬，還記得那是一個剛過完母親節要回台北上課的禮拜一，當天陽光普照，甚至有點熱過了頭。早上的課是大一必修的經濟學原理，這學期的總體經濟部分讓我感到有趣和實用，所以我帶著愉快的心情不斷抄著筆記，就這樣一路上到十點四十。

此時，奇怪的事情卻發生了。身體突然有種很悶的感覺，就像是忽然身陷在擠得像沙丁魚般的電車，吸不太到氣。這是我在台大上課頭一次遇到這樣的情形，雖然有點不舒服，但我推測那是因為教室人多導致氧氣比例下降的結果。我心中暗道：「看吧！經濟學果然是熱門學科，很受大家的歡迎嘛！」忍著這種悶熱感，不知不覺十一點的下課鐘便響了，我決定離開教室到戶外去散步一下，除了呼吸新鮮空氣也讓身體放鬆。

緊接著就是最後一堂課。在進教室前，我試圖說服身體現在已經吸夠新鮮空氣，並不斷對自己洗腦：剛剛的一切都是幻覺，放心吧！接下來就沒問題，可以安心上課了。之後，我走進教室，殊不知真正的噩夢現在才正要上演。回到座位沒多久，沒想到剛剛的窒息胸悶感又再次浮現，起初我有點慌張地問旁邊同學是否也感覺到教室很悶。但是那位同學回答我：「不會啊！一切正常。」我皺著眉頭並繼續在每分每秒感受身體的變化。「也許再等一下就會消失吧！」我不斷安撫自己那顆惶恐不安的心。

只可惜時間並沒有緩解恐慌，強烈窒息感像洪水般一分一秒的淹上來，接著突然全身陷入麻痺而且呈現無力狀態，彷彿失去所有能量。更可怕的是心跳開始瘋狂加速，用力且急速跳著，我粗估起碼有150下／分。這種恐怖的衝擊已經遠遠超過當年九二一帶給我的震撼，當下只有驚恐萬分，但卻又不知所措。

感覺再不去找醫生我就會死掉。但是，現在的我並不是在上激烈的體育課，也完全不明白是什麼原因造成的，告訴老師請同學陪我去保健中心好像有點奇怪，而且沒面子，所以我決定悄悄的離開教室。在這種站在生死邊緣的緊急狀況下，竟讓我連心愛的porter包包都忘了拿，只簡單帶著錢包和手機就趕緊走出教室。我從普通大樓彎腰跛行著，並緊抓著胸膛那顆隨時可能跳出來的心臟，一路朝著椰林大道另一端的保健中心前進。

以我平常的體力，別說是用跑的，就算是學鴨子走路，這種距離應該也不成問題。但是現在的我卻是舉步維艱，承受著「瘋狂心悸、全身麻痺、呼吸困難、狂汗不止」的持續衝擊，我正面臨著一種前所未有的瀕死感。就在快橫越椰林大道的時刻，我不支地半跪倒在地上，感覺連下一口氣是否吸得到都沒把握。但保健中心就近在眼前，所以我還是用盡最後的氣力走到保健中心。好不容易到了掛號台，那一刻，我連拿出健保卡的力氣都沒有。用了最後幾口氣懇求護士小姐先讓我進去裡面躺，還好善良可親的護士小姐並沒有刁難我，並趕緊扶我到診間病床躺下。

瀕死初體驗

躺在病床上的我，痛苦絲毫沒有減輕，感覺整個身體就要失去最後的力和氣，也彷彿再多說一句話或多做一個動作下一秒就會氣絕身亡。

過沒多久醫生走進診間，幫我接上了心電圖。

「哇！心跳居然快兩百，心臟你瘋了嗎？再繼續照這個節奏跳下去，最後一定會把我們都給跳死啊！」我勉強瞄到了心電圖的數值，焦急地在內心自問自答。剎那間，我又突然接不上氣。「呼吸……不……好……意……思……護士……小姐……我……感……覺……快……不……能……呼吸……了」因為身體的瀕死意識，我很勉強的再多說一句話。然後忘了是好心的護士小姐還是醫生幫我接了氧氣罩，我持續在生死一線間游走著，但數分鐘後仍然沒有任何緩解。

在這生死關頭的每分每秒，雖然我已經暫時失去對肉體的支配，也不能開口多說話，但好在內心和大腦還可以運轉。我不斷地和自己進行對話，並試圖找出對策，腦海中有如電影驚爆十三天的焦急氛圍。

我先是來回不斷地在內心抱怨：「我現在是在作夢嗎？為何一切來得這般突然，而且又如此不真實。看著昨天的自己還精力充沛，為何在一夕之間我的世界卻面臨末日呢？」時而又仰頭：「老天爺，您在作弄我嗎？我才剛考上台大不會就這樣要把帶我走吧？」沒想到這一刻，連原本鐵齒無比的我，都因為恐懼和痛苦不斷地向老天爺抱怨和哀求。

半小時後，我的狀況仍未見好轉，仍然氣如游絲。醫師看到這種情況，遞了一張急救單給我，要我簽下同意。我很無力的用力抬起筆，一筆一畫簽了。「喔……這張是……急救單！我會像連續劇演的那樣被電擊嗎？我看還是直接讓我好走比較妥當，死了倒也痛快，拜託不要折磨我，我完全不想就此變成植物人！」因為內心極度慌亂，所以內心中不斷做出假設。之後偶爾想起，以當時的強烈瀕死感來說，確實是一死了之還比較舒服。真的，這是筆墨難以描寫之痛苦！

最後回過頭來，我凝視病房上的天花板，並默默掉下眼淚。之所以掉眼淚並不是承受這種比死還難受的痛苦，因為我已黯然接受「自己將死的」事實；也不是仍然眷戀著人間的理想和享受，因為把這些擺在死亡面前頓時顯得微不足道。眼淚凝住的是放不下親情和友誼，是很深刻的情感和羈絆。「就這麼莫名其妙走了，他們會很難過吧？」「若是我真的就這樣走了，拜託請不要掛念，這樣我也就心滿意足了。」這次淚水真的潰堤了。我戴著氧氣罩，胸膛接上心電圖，閉上雙眼，試圖放空人間的一切。

已心如死灰的我以惴慄不安的心情開始等待接下來每一秒將發生的事，像面臨最終審判般，「死亡的那瞬間究竟是如何？」我等著瞧瞧。但不知過了多久，我遲遲未見到什麼「刺眼的白光」或是「牛頭馬面」，整個靈魂也沒有因為脫離肉體而飄起來，我就這樣一直等待下一刻的變化。

大概在瀕死狀態掙扎了一個多小時，不知不覺的，心跳開始穩定下來，呼吸功能也漸漸恢復。雖然這麼說，但整個人彷彿能量盡失般無法動彈。系上的同學接到我的電話也來保健室看我，並且問我要不要吃點東西。這時候真希望我是在推進城監獄中了劇毒而又重生的魯夫，馬上就能開始大吃大喝的補充能量。

可惜，我只剩下強烈嘔吐感，然後完全吃不下任何東西。

這四小時，彷彿是一輩子苦痛的高度濃縮，我就這樣從中午十二點靜靜的躺到下午三點。我小心翼翼的從床上爬起來，再確認自己還有剩餘力氣可以走路後，拖著虛脫的身體走出診療室。但我腦中仍對這次衝擊一片空白及混亂，而且心有餘悸。我到櫃台補健保章並順便拿藥，然後慢慢離開台大並回到宿舍。

噩夢的序曲

拖負著虛脫和疲憊感，我蹣跚地走回到宿舍。回到宿舍後，我打開包包查看剛剛領取的藥單，其中有一項藥名到現在我都還記得是Inderal。回想剛剛在我離開保健中心前，曾向駐點醫師詢問我的狀況，可是醫師也說不出個所以然，只告訴我沒事了，要我先好好休息。不過醫師給我的答覆可沒有就這樣打發掉我，畢竟那種突然侵襲而來的瀕死感，絕對不像是毫無病因的。接著，我打開電腦上網搜尋一下藥單，發現整包藥差不多都是穩定心律的藥物。「難道我有心臟病嗎？可是我既沒有病史，而且醫師也沒有這樣告訴我，那我究竟是怎麼了呢？」內心中又莫名醞釀起不安感。

當天晚上，我發現我還是連一點胃口也沒有。這樣也就罷了，更奇怪的是，想泡個澡來舒緩一下疲憊的我，竟然一碰到熱水就開始心跳加劇、呼吸不順、全身發麻發刺，而且早上的瀕死感又突然浮現出來。當下我急忙倚靠住牆並喘個不停，深怕早上的瀕死狀況又突現，所以我簡短沖洗一下就回到房間休息了。而接下來的整個夜，我幾乎都躺在床上，不只是極度疲憊，而且還有種難以描述的不適感。我仍試圖安撫那顆不安的心，「只要今晚好好補個眠，相信明早起床一定又是一條活龍！」我盼望著。

只是，誰都沒料想到，噩夢的序曲才正要開始演奏。

我在床上翻來覆去，輾轉到半夜仍無法入眠。深夜中，也不知道究竟是幾點了，全身突然開始發熱有如火燒感，然後心跳也急劇跳動著，而且一時之間吸不到空氣，十分痛苦。「媽呀！這種感覺，似乎又是早上的瀕死感。我都已經決定要好好照顧自己的身體了，怎麼還不放過我啊！」我一邊掙扎一邊急忙想著對策。

後來，我在同學的陪同下走到了鄰近的台大醫院掛急診。花了七百元，我打了根針並做一些基本檢查，台大的醫生也診斷不出任何問題，開了和早上差不多的藥物，然後囑咐我回去多休息就好了。過沒多久，身體慢慢平復下來，但是身上仍殘留很重的不適感，而且全身挾帶著很強烈的疲勞。回到宿舍後，已經是兩點了，也不知道又翻了多少次身，輾轉睡到天亮。

可是，奇蹟始終沒有降臨在我身上。隔天起床，還是全身上下的難過，而且依然沒有任何食慾。接下來的數天，莫名心悸、全身痲痺、呼吸氣短、全身疲勞感仍不斷凌遲著我。此外，完全無法進食以及失眠的凌虐感更讓我痛苦萬分。這種身體喪失能量來源以及休息機能的嚴重當機是一般人所無法想像的。當時的反胃感是腸胃幾乎不運作了，硬塞食物的話也只會吐出來，而且雖然久未進食，卻仍腹脹不已。這些症狀就這樣持續好幾天，我在短短一週內爆瘦十餘公斤。這樣算是厭食症嗎？我到現在都還不明白，不過當時的我好像能夠體會當年完全無法進食的木匠妹妹是多麼痛苦。

除了吃不下東西，無法睡覺外，最嚴重時連洗澡都不能洗。在那時候，我只要碰到熱水就會引發全身的急性衰竭感，瘋狂心悸，感覺隨時都可能昏倒。此外，喉嚨一直感覺被深深掐住，講話和呼吸都有困難。這樣的狀態不斷持續著，就這樣，整個人都累壞了，動一下就心悸，若是離開家門走幾步路、說幾句話，那種瀕死感又會再度上身，也因此到了學期末我都沒辦法回學校去上課，大部分的時間，整個人只能夠躺在床上。這是旭日東升的年輕人嗎？抑或是日薄西山的老人？我早已忘了自己的身分，也許對我來說，先堅持活下去比較重要。

一個月後，期末考也結束了。我的病況仍然未有起色，很多考試都不能出席，所以成績單的開獎結果也是可以想見的。好心的微積分教授以安慰的語氣寄信告訴我：

「等明年身體好了再回來考試吧！」英文教授則不能理解的把我臭罵一通，讓我補考完再當掉。我的自尊心向來很強的，當時的我，真的是噙著淚水抱著病痛的寫著期末考卷。偶爾望著窗外的校園夏日美景，卻和飽受折磨而無助的我形成不堪入目的對比。這時候，我突然體會到被當個幾科似乎也沒什麼大不了的，為何從前的我會絞盡腦汁和體力執著於九十幾分間的一分之差呢？真是愚蠢啊！到頭來才發現只有健康才是真的，是所有夢想的根本，但是，卻不知是否已經太遲了！

現代醫學的背叛

暫時向學校請假並在家休養的這段期間，我幾乎沒有任何好轉跡象。從六月開始，父母親帶我跑遍了心臟內科、腸胃科、家醫科、腦科、神經內科……等十多家西醫診所進行「大規模」的檢查和治療，其中也不乏大型醫院。雖然病痛如此真實，但除了血壓低一點，心律有微小的不整，所有檢查數據幾近正常。

國泰、台大以及署立豐原醫院的心臟科醫師說我的心臟只是有點小毛病而已，並沒什麼大礙，連藥都可以不用吃。還記得醫師是這樣告訴我的：「同學，根據我們的判斷，你還這麼年輕而且全天候心電圖也只檢查出小小的心律不整，應該只是輕微的心臟瓣膜脫垂。而這種問題在國人中很常見，不需要太過在意，調整作息，放鬆心情自然就沒問題了。」一聽在我耳邊真不知該鬆一口氣還是該叫醫院退錢！因為，這和我的主觀病痛感受有嚴重落差，這是全身虛脫，極其難受的。聽他們的診斷好像是我的病情連個小感冒都還不如，真是讓人無言以對。不過我還是乖乖遵照醫師的指示去做和吃藥，結果毫無改善。

接著我又找上一位在地方上有名的腸胃科名醫。老醫師說這是腸胃出了問題，還說這個沒處理好搞不好會「暴斃在馬桶上哩！」一般人聽到這樣可能會嚇到或是覺得這老頭在危言聳聽，但對當下很焦急痛苦的我來說卻是讓人振奮的消息。「喔耶！這個醫師太厲害了，找到問題在哪之後就好解決啦！」我很開心的告訴自己，並馬上答應醫師我願意挨個兩根針，即使從小到大我最怕的就是打針了。接著我躺在床上並吊了點滴，也許是身體太虛了，竟有種隨時都可能昏死過去的感覺，所以我不敢閉上眼睛，終究也還是撐了過去。回家後，我按時吃藥、清淡飲食再加上正常作息，結果十天後卻仍是毫無改善。

家醫科和神經內科醫師經過了一些診斷，研判是所謂的「自律神經失調症」。他們叫我多休息、多運動、放鬆心情、多攝取維他命，並且胸有成足的認為只要我乖乖配合這個不難搞定，然後就開了一大包藥給我回家「慢慢享用」。我拿了藥吃了兩個多禮拜，毫無改進就罷了，藥物副作用甚至讓我的痛苦感更強烈，而且彷彿整個靈魂不斷地被抽取而成了行屍走肉，大腦也沒辦法思考。最後甚至連男人的生理反應能力都暫時失去，簡直差點兒沒把我給折磨死。所以，我很直覺的把這些身心病的藥都給斷了，還好使用時間沒有太久，尚未成癮，也因此沒有引發什麼戒斷作用，反倒是停藥後身體稍微舒緩一些。現在「久病成醫」的我再回首看這件事，實在是很慶幸。倘若當初乖乖照醫生的話，有恆心地把那些精神科藥物吃下去，非但不能康復，而且還得吃上一輩子的藥來控制。而我最後的結局也將成為被終身囚禁在精神病院的活死人了，那種情境還真教人慘不忍睹。

「那好吧！剩下的就是……精神科。也許我真的心裡有病吧！反正我只在乎是否能康復，管他是神經病還是精神病我都已經不care了。」但有趣的是，跑了三家精神科，那些醫師們透過專業的心理諮商和檢查都覺得我心理狀態良好甚至很樂觀，也是開了一些藥物就想打發我走。我看了一下藥單，結果大部分居然是我才剛因為愈吃愈嚴重停掉的神經內科用藥，我看了大失所望，並且轉告醫師我之前的服藥狀況。

結果，醫師另外重開了Xanax給我，據說這是恐慌症的常用藥物，他判定是恐慌症和焦慮症，並囑咐我發作時再吃。過沒幾天我騎車出門，突然一陣呼吸困難和全身發麻。「這種瀕死感又上來了，好難受……不過還好我有隨身攜帶那包藥。」我趕緊從包包中拿出那包藥，照醫師的指示吃下去。照理說這藥的藥效很快的，可是半小時之內竟不見任何好轉，甚至狀況還有所加劇。後來我趕快回到家裡躺下休息才逐漸平息下來。

這樣就診過來，算算也有二十多位西醫師了，沒有任何恢復跡象就罷了，甚至還把我的病情弄得更糟糕。更可惡的是，在這過程中，我還遇到兩個沒醫德的醫師藉機羞辱我。其中有一間家醫診所，我在就診時發作，心跳狂跳，呼吸困難，全身麻痺而不能動彈。醫生竟然因為檢查不出，認為我在裝病，轉而惱羞的把我趕出醫院。而另一家診所的醫師，不太理會我的病痛描述，反倒是用充滿戲謔的口吻恭喜我「你這樣不錯啊！可以不用當兵了，因為像你這種人很有可能會失控而把整個營區炸掉！」然後在一旁笑了起來。當下聽了真教人火冒三丈，恨不得賞他一記重拳。可是我發現在暴病後竟然連生氣都無法，否則將會引起身體更多難受，所以也能用苦笑以對，先忍下來……只是，這些言語真的傷透了我的心。

總之，我對西醫的信心已然達到崩潰的臨界點。說幾句公道話，我想大家對任何醫學的標準也都一樣，不管醫師診斷如何，醫療的宗旨還是在於還給病人健康，不是嗎？可是這樣一路看下來，我被不同西醫判定是自律神經失調、焦慮症、身心症、心臟瓣膜脫垂、腸胃神經紊亂或恐慌症等多種病名，讓人看了眼花撩亂也就罷了，重點是西醫套了這麼多病名，不但在實際治療上沒有任何成效，而且還把狀況弄得更複雜。

由此，我深刻體悟，即使病人的主觀感受是如此痛苦，但在以解剖微觀為主軸的西醫體系下，這種無實質病變的患者卻剛好打中西醫罩門。他們不但沒辦法檢查出病因，當然更別談任何有效的治療，西醫只能把這類「主觀感受痛苦」的患者一股腦兒都推向心理因素或是自律神經失調。而我發現之所以如此的真正問題就在於，健康應是包含身、心、靈範疇的，但現代醫學卻只專注在肉體健康的發展，而在能量或是心靈層面仍處於幼稚階段，忽視身體還有能量和訊息傳遞層面。此外，西醫不重視人的主觀感受，只相信冷冰冰的儀器數據，而且必須要等到器質性病變出現或發現病菌才能動手治療，所以對我這種身體機能（能量層面）出現異常卻無器質性病變（肉體層面）的患者，也就莫可奈何了。

而除了現代醫學外，原來在我心中佔有無懈可擊地位的科學，也開始出現了裂痕。沒想到，科學竟也有不完美甚至是錯誤之處！那到底天下間還有什麼道理可以讓人做為一輩子的心靈依靠呢？似乎沒有人能給我答案。

不下癌症的折磨

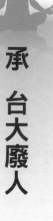

在暑假這段期間，我仍飽受各種身體機能衰弱的折磨，難受到幾乎做不成任何事，也因此，我曾數度猶豫是否暫時休學養病。只是到了最後，我還是下定決心先回學校念書。因為我深信，也許在醫療資源豐富、人口密集的台北國之中，會遇見什麼奇蹟也說不定，所以也就放棄申請休學了。

但是，在大二重新回到台大就學後，我因為這種現代醫學檢查不出的健康問題而不斷遭逢重重的生活和學習困難。首當其衝的是腸胃問題，消化系統從暴病那天就一直沒有恢復，仍然呈現當機狀態。除了食慾變得很低下外，只要我一進食完畢，腸胃就會開始悶脹，然後幾乎不能夠消化吸收，總是睡了一晚到天亮，昨晚吃的東西還脹在那。最嚴重的時候，連水也不能夠喝，愈喝只會讓腸胃愈鼓脹，吐、瀉都不能，這是遠比腸胃炎還折騰人的。腸胃問題不但讓我的體重掉了快二十公斤，更帶給我生活上很大的麻煩，我也因為消化機能低下而喪失人體正常能量來源，所以隨時感到精神委靡或乏力。雖然，倒也因為如此，被強制地把垃圾食物都給戒掉，且不用運動和花錢就減肥成功，竟還讓很多女生羨慕不已，我想這大概是唯一可以苦中作樂的地方吧！

接下來是時時都存在的嚴重疲勞感。以正常人的體力來衡量，我大概是整整兩天沒做任何休息的那種疲憊無力感。而正如剛剛所提到的，我想這是因為我失去腸胃消化機能以及每天不斷失眠，使身體完全不得休生養息的結果。我常常上課沒幾分鐘就要閉目養神，用電腦看電視差不多十分鐘就累到睜不開眼睛了，騎車等紅燈時也都呈現半打瞌睡狀態。這對我的學習帶來極嚴重的障礙，不過我也想出了各種方法來克服，比方說用聽覺暫時取代視覺之類的。有趣的是，因為常常用這招，我的聽覺竟比一般人還來得敏銳，這還真是意外的收穫啊！（笑）

此外，也許是因為這種全身勞累感，使得我常常因為稍微的動作導致莫名心悸和全身麻痺，這種感覺是很難受的。而原本健談的我，也開始害怕聊天，因為只要多聊幾句話，我總會上氣不接下氣，突然說不出話來。這種氣短的感覺就像是脖子以下浸在游泳池內吸不太到氣那般，非常難受。還有就是無時無刻的鼻塞和手腳冰冷，不但讓我常感到呼吸不順甚至喘不過氣來，手腳冰冷的問題更嚴重打擊我身為男人的自尊，從此害怕跟人握手。以上這些症狀，無論是高興、憤怒還是恐懼，往往會因為情緒波動而加劇，最嚴重的情況就是之前的瀕死感再度降臨，讓我痛苦的情緒更加無從發洩。不過久而久之，我卻也因此練就了心平氣和的好脾氣。

不同於正常大學生所走的平坦道路，我的大學生涯卻無時無刻得面對這些千奇百怪的危機和考驗。也因此，我連學習知識的心力都匱乏了，當然更遑論去享受和揮霍這充滿青春氣息的大學生活。原本應該是人生最美好的時光，對我來說卻有著道不盡的坎坷和辛苦。而這些正常人無法體會且西醫檢查不出的病痛，究竟衍生出多少挑戰呢？我想以下分別就學校和家庭兩個層面和讀者們做分享。

心靈枷鎖

回想起從前的我，是個開朗又健談的男孩。但自從那天起，莫名其妙的暴病除了帶來身體上的極度不適外，居然連我的人際關係和社交能力也強制一併封印起來，像是綁住自由靈魂的枷鎖般，對我的心靈帶來很大的孤獨和痛苦。

這件事說起來還真教人難以想像。原本對我來說，和朋友們出遊、逛街、聚會是相當美好愉快的事情，可是現在的爛身體竟然連這個小心願都不能成全我。要是我硬是跟著出去玩了，便會不斷從中作梗，讓我全身上下感受強烈疲憊感和瀕死感。在我學乖以後，決定暫時先過著獨行俠生活，以免自己的問題造成朋友的困擾。只是，每每在我婉拒朋友邀約後，內心卻是深感相當虧欠和痛心的。

「一次也好，為什麼不能讓我陪陪大家呢？」我在心中悲憤地呼喊著。

而至於什麼大學必修的愛情學分那就更不用說了，我隨時都要面對身體各式各樣的挑戰，有時甚至痛苦到連活過明天都沒有太大把握了，還能夠照顧另一半嗎？先想辦法讓自己活下去才是比較實際的。當然我也曾有過喜歡的女孩，也曾很用心的追過，但一切都在我病倒後煙消雲散。我想，我絕對不容許這個病重的自己辜負任何一個女生！所以一切就康復了再說吧！

不過，大學生活中還是有些事情讓我「拼命」也想出席的，比如說和系上直屬的家聚和高中同學會。像是三年來的家聚我幾乎沒缺席，但每一次大家聚餐時卻只見我沒點餐，因為我知道身體目前狀態還沒辦法在外面的環境下飲食，就連坐著不動都會呼吸困難，全身麻痺了。這當然免不了引起直屬同學的關心，不過很愧疚的是，我仍然不知道自己的病因，所以當下也無從解釋。我只是純粹喜歡和大家相聚的感覺，所以說什麼也要來參加。而即使什麼事都不做，在每一次聚餐上我就是不知為何會呈現全身發麻、心悸、冒冷汗和呼吸不順，但我總是強顏歡笑，硬撐在位置上到結束。為何要這樣勉強自己呢？因為我知道要是連家聚都錯過，那我的大學生活大概就真的沒有任何社交圈了吧！

總結以上，有時候回顧這一切，真的無法想像當初的我是如何走過這些痛苦，包括身體上的痛楚和心靈層面的折磨。假如，自殺沒有任何代價，那對我這廢人來說還真是一個超棒的選擇，因為我早已完全喪失生命的喜悅，生命對我來說也再無任何意義。民主鬥士曼德拉曾經說過：「無法被看見的痛楚往往遠超過由外就可見的傷痛。」這一席話正好呼應了我現在的處境。我常常在心中吶喊：「笑話！癌症跟我的情況比起來算得了什麼？癌症病患不但看得到敵人，有實際治療方法，最重要的是身邊的人都能體諒和照顧你，而我每天持續承受如此劇烈的痛楚，卻沒有任何人能夠體會和醫治，真是羨慕癌症的患者啊！」這話聽起來似乎有些偏激，但卻能夠真實顯現我這一路走來的心情啊！看著某些癌症病友還能照常演講、登山、旅行來享受生命，而我卻疲憊到什麼事都沒辦法做。同樣是每天都在對抗死神，我，真的不覺得身上的重擔有比較輕。

父子冷戰

而接下來的這一段，是我最不堪的回憶。因為它同時糾結著我最愛與最恨，最衝突與最矛盾的情感，是心靈深處最沉痛的傷疤。使得原本我深愛的父親，竟因為發生在我身上這個天下無人能解的病痛，變成在這世上我最不想說話的人，並從此拉開父子冷戰序幕。

究竟是何事呢？原來在暴病之初，父親很焦急地帶我跑遍各家西醫。只是很遺憾，西醫完全檢查不出任何實質病變，而偏偏我爸是個很固執且只相信科學數據的人，在西醫找不出病因而判定沒什麼大礙後，便開始不耐煩地認為我在裝病，在無病呻吟。因此，他便憑著西醫的檢測結果和建議，以他身為一家之長的權威壓迫我去做某些身體狀況還不能夠做的事情。比如說，硬逼著病初時百般痛苦且疲憊不堪的我必須跟著去家族旅行，讓我想拒絕都不行，否則會換來他的勃然大怒。而一趟旅行下來只是把我弄得更累更糟，毫無歡樂可言。旅行的意義是什麼？對現在的我來說卻是場可怕的噩夢！

此外，他也會用強硬的口氣逼我打起精神來去念書或打工，即使我不斷告訴他我的主觀感受，但他總是表情嚴厲地斥責我：「哪有甚麼病痛，努力工作下去，什麼痛苦都會忘了！」當然我也曾照他的想法去做，可是卻不像他說的，會把痛苦拋到腦後，反而只會招來更強烈地虛脫感。最後他甚至不許我在他面前提到「不舒服」或「生病」的字眼，只要我一提起，他就會臉色大變，然後開始罵我一頓。

一路走來，即使病痛再強烈，甚至到了生不如死，也不足以讓我為此掉淚的。但見到父親在我最困頓的時候，竟成了天底下最不能體諒自己感受的人，常讓我在獨自一人時，因為深感憾恨而落下淚來。

到了後來，他倒也開始不解為何從那天開始，我像是變了個人似的，完全失去以往的笑容和青春活力。只是，他竟然又做出一個荒謬的推論，那就是認為這孩子得了很嚴重的心病，需要加強他的心理建設。然後開始強烈灌輸我一個概念，那就是心病需要心藥醫，而我所有病痛都是「心病」在作祟，是騙人的！他的這個推論讓我變得更焦慮，而在他的觀念灌輸下，我也開始懷疑自己的「心」是否生病了。但是，在我接受心理諮商後，卻發現完全正常，讓諮商師找不出問題。而因為極度迷惘，我甚至也問了十多位和我要好的朋友：「我是不是真的變了？你們覺得我是神經病還是憂鬱症呢？」結果，所有的朋友都給我「完全正常」的一致答案，有趣的是，他們認為我問這些怪問題是在開他們玩笑哩！自此以後，我再也不敢把心裡的話告訴父親，因為這樣做總是換來一次又一次的訓斥和衝突，我甚至覺得連見到他都是一件痛苦的事。

以上不堪回憶的種種，都在我心中烙上一道道的疤。誰也無法想像，最痛的一道疤竟是最親的人所給的，而並非來自身體無止盡的病痛，我不懂我的父親為何只相信西醫而不相信他兒子的話，真的不懂！而在「孝」與「真」的衝突中，我該如何做抉擇呢？既然不能違抗父親，所以有一段期間，我只能把強烈怒火全都轉到西醫身上，認為一切都是西醫害的，為什麼我砸了這麼多錢而且看了這麼多醫師，他們卻完全檢查不出，而且無法醫治呢？我想正是因為如此，害得我們父子關係出現決裂。

突然間，我也發現人類引以為傲的醫學和科學發展是如此的不足和幼稚。我曾經哭著對天大喊：「等我有一天康復了，我一定要站出來戳破西醫的無能。」現在，我還是懷著這個壯志。西醫在許多地方是值得我們肯定的，但它並非完美，在它束手無策卻又用掩飾來欺騙世人的地方就必須接受挑戰，不是嗎？

漫長卻無效的治療

西醫不行，那中醫會有辦法嗎？

大二返回台大念書後，我開始尋覓各種可能的醫療方法來破解身上的難題。在這之中，中醫便是我主要的求助對象。因為，就西醫來說，再怎樣開都是那些藥物，沒效就是沒效，也玩不出什麼新花樣。但我相信中醫的強弱差距可以很大，不同中醫開出來的藥可能呈現出兩極差異，所以坊間才會有「神醫」的存在。也因此，我開始把希望押在中醫身上，重新展開我的尋醫之旅。

首先，我在一位把脈神準的醫師那看了半年。讓人驚嘆的是，一進門診，只要伸出雙手而根本不必開口說話，隨即他搭上脈，「鼻塞、胸悶、脹氣、頭痛……」，便一一點出患者症狀，相當神奇，而我的症狀大概也被他說中八成。只是，這位醫師以小青龍湯和天王補心丹做為主打讓我吃了快半年的藥，身體卻沒有什麼進步。「奇怪，醫師明明能夠正確點出症狀，但開出來的藥卻沒什麼效，這究竟是為什麼呢？」我不斷在心中納悶著。

到了大三，我請一位年輕的中西醫師幫我調了整整一年。他認為是情志和壓力問題所引起的自律神經失調和恐慌症，並且決定用中藥來處理。醫師先以專門和解陰陽的柴胡龍牡湯打頭陣，後用較入脾胃的四逆散收尾。一年下來，我的狀況確實穩定不少，至少瀕死感沒有再度發作過。只是，整個人的疲勞感和全身不適卻未能有任何改善。醫師最後卻告訴我：同學，你可以「畢業」了！讓我完全不能接受，因為我仍自覺身體機能沒什麼恢復，至少就最基本的消化和睡眠功能而言，還是差的一蹋糊塗，所以我只能嘆著氣繼續尋找下一位醫師。

大四，換另一位中西醫師接手幫我調了半年，他判斷這並非情志因素，而是用專治氣血兩虛的炙甘草湯以心陰虛而動悸來論治，也就是認為我心臟有點毛病。結果依然只是使狀況穩定，至於身體機能以及失去的能量始終未能得到恢復。總計這三年來，我大概找了三十來個中醫，但卻沒有任何一次有顯著療效，總是讓我的希望化為泡影。看來就連中醫，也讓我徹底失望了！

除了上述這三位看得比較久的醫師外，我也一路嘗試許多中西醫之外的療法。像是電療、針灸、推拿、拔罐、氣功、太極拳……等，撇開我所付出的努力和機會成本不談，光帳面上就燒了六位數新台幣。只是，最後幾乎都以無效收場。

我不懂，為何從西醫、中醫甚至到各種民俗療法卻無一有效，彷彿這世界早已放棄我，但又不知為何上蒼不快點讓我好走，只是不斷讓我沉陷在極度絕望和焦慮中無法自拔。到最後，不只身體累壞了，連我的心靈也疲倦了。我開始對任何治療都不抱期待，並打算投向大自然的懷抱，多親近花草樹木，時常漫步於台北的各個角落，就這樣等待老天下一步的安排。

也是在看遍天下名醫後，深深的體會到科學不再能夠讓我完全信賴。也許應該這麼說，就憑人類現在的科學能力，連是否能夠理解透徹宇宙間百分之一的真理都還有很大的質疑空間！但這種革命性的想法，卻也讓我失去長久以來的思想依靠，進入見山不是山的痛苦階段。也在我體認到現代科學尚存在著相當侷限後，開始積極相信宇宙間一定還存在著現階段科學所不能解釋的現象和道理。我不能再像以前一直用渺小的科學當作全部真理來否定物質以外的現象和實存，也看來只有追尋形而上的道理和存在，才有機會發現生命的本質和意義。只是，我不知道，現在才覺悟還來得及嗎？

絕望的畢業前夕

歲月依然快速流逝，絲毫沒有停下來等我重新站起來。眨眼間，我已從大學新鮮人搖身變成應屆畢業生。對絕大多數的台大人來說，在學校的這四年通常是一輩子最有價值並且值得回憶的一段時光。積極一點的人追求夢想，像是有些人埋頭苦幹拼書卷，有些人找到自己的研究興趣並瘋狂投入，有些人玩社團玩出一片天，有些人轟轟烈烈的修完戀愛學分，有些人為了未來錢途積極充電。即使是完全過著消極玩樂的生活，也「夠本」來恣意揮霍青春，盡情享樂。

只是，回頭看看自己，因為失去了生命中那個最為根基的東西—健康。讓我斷了羽翼，不再能夠追逐理想，同時也失去恣意揮灑青春來享樂的權利。既不能好好利用光陰，也不能夠虛擲它。在這三年以來，我所唯一能夠做的，也是被命運所強迫做的，就是無時無刻的和身上的病魔做對抗，並尋找破解之道。只是走過這三年，最後才發現，一切努力和付出都是場空，但這卻不是夢……

二〇一〇年的暑假，我在台大的第四學年畫下句點。回顧過去，在這學習過程中的每一個學分對我來說皆得來不易，不過我還是勉強達到畢業應修學分。偶爾，就在狀況嚴重的時候，我也曾經害怕自己沒辦法拿到台大的畢業證書。現在對我來說，這張證書不只代表了我學分修習圓滿，更具有意義的地方在於我竟然能在這麼差的身體狀況下，忍受所有病痛來完成學業，連我都覺得不可思議。而對我來說，站在生死邊緣，只不過是像家常便飯的小事，這大概是我最學到的最強人生觀吧！人生不過就是如此，還有何可懼？有何可悲呢？

而在我周遭，有些同學去當兵，有些選擇繼續升學。但此時的我，重新拾回健康的這場戰役卻還沒有結束，也絲毫看不見任何扭轉的契機。雖然我的外表看起來就像正常人，但我的身體機能卻仍不及常人的一半，不但睡眠品質很差，消化機能嚴重低下，呼吸深度也只有正常人的一半，外加無時無刻拖負著的疲勞。因為身體始終無法衝破陰霾，所以我下了一個痛苦決定，那就是延畢。我想，至少我必須先恢復正常人吃、睡等基本生活能力和身體機能，否則就這樣離開學校出社會也只是什麼事都無法做，在家吃飯等死罷了。

急轉直下

既然都痛下了延畢的決定，那我就更加不能浪費時間。雖然早已嚐遍失敗和絕望，沒有一次成功，但我仍須重新振作，繼續為生命奮鬥才行！七月中，想說這半年來的身體狀況還算穩定，腦中一閃，突然想試一試自己的恢復成果。所以我決定跨出家門，並邀約在清大交大的高中同學聊天敘舊。

到了交通大學，見到幾年不見卻都幾乎沒變的高中同學都到場，讓我超開心的。吃完午餐後，我們便聚在一起聊天。只是，聊著聊著，興奮之餘，瀕死感竟又偷偷逼近，我開始冒冷汗、心跳加速、身麻、呼吸困難、胸口抽痛，健談的我突然講不出話而沉默下來，試圖保持冷靜。

我假裝要廁所，先溜到外頭休息喘口氣，以免真的倒下來嚇到同學。走到沒有人的地方，我一手撐著牆壁一手抓住胸膛不斷喘氣，眼前不時發黑，還好慢慢又平息下來。看來身體狀況一點兒都沒恢復，還是一樣要死不死的，我沉重地長嘆一口氣。接著，我只能偷偷吞下淚水裝作沒事並草草結束難得聚會。還好，隨即我最要好的同學發現狀況不對勁，便陪同我先到浩然圖書館休息，等我穩定下後，再送我回車站搭車。

「唉！對不起了，我的同窗們，看到大家我真的很開心，可惜，我太沒用，竟連和大家見面聊天也是如此困難……」我不斷在心中痛罵自己的無能！

而從新竹小聚回來之後，不知為何，三年前的噩夢竟又再度重現！身體狀況不但再度急轉直下，而且相當不穩定。此時的我，全身不時發冷，即便外頭溫度高達三十多度。此外，只要我稍做活動，便開始心悸和身麻。接著是呼吸短促，有幾天我幾乎是不能夠講話的。最嚴重的是疲勞感，不但眼睛張不太開，而且全身失去力氣。這種感覺像是又回到三年前的原點，再次虛脫痛苦到只能每天躺在病榻上，幾乎不能做任何事。

在那段生不如死的時光，我真的不知道活著除了承受痛苦外還有什麼意義在。

這段期間我又再度找上中醫，而且還是位在醫界頗享盛名的中國醫藥大學教授。

雖然他透過精準的脈診發現我當下的脈象很不妙，是中醫裡病情危急的疾脈。只可惜，教授開的水煎藥卻依然未能改善我的絕境。

就這樣一直拖到台大開學日，在面對這種絕境下，我還是決定先回台北，就如同三年前那樣的策略，走一步算一步。但這次，才剛上電車沒多久，心臟又開始瘋狂加速，全身狂冒冷汗和發麻並呈現呼吸困難的狀態，感覺再下一秒我就掰了。我只好馬上下車，心有餘悸的癱在苗栗站等候座位上休息。待半小時候情況穩定下來，我才搭車返家。結果這次，我竟連台北也回不去了……

開學之後又過了三週，父親決定載我回台北，雖然我知道我的狀況還是沒有任何起色。不過，對那時的我來說，活著和死去已毫無差別，我所能做的只是不要讓家人有太多的擔心。反正我的感受已經不重要，也無人能夠體會，所以就先回台北等看看，只是這次，我等的不再是希望，而是等死。

戲劇化的轉折

這次回到台北，顯得比過去更加痛苦難受，不但連仙跡岩和天母古道都再也走不上去，全身的重度疲勞和痛苦也使我幾乎沒辦法上課。此外，只要一出了門到了外頭，瀕死感又會逐漸逼近，所以大部分的時間我只能把自己關在宿舍靜養，但隨之而來的卻是陰暗和痛苦的無限折磨。

依偎在窗旁，我看著台北街上熙來攘往的人們，總是讓我更加痛恨什麼事都做不成的自己。而且太久了，這場病持續太久了！這時的我，已不再是病初時那個積極奮戰的鬥士，反正無論我嘗試任何方法最後都是徒勞無功，所以也不對康復再抱有任何希望。

「不考慮自行結束生命來尋求解脫嗎？」在我的內心深處一直存在著這樣的呼

喊，也好幾度讓我想拋開一切嘗試看看。但是，我知道即使再怎樣痛苦也不能這樣做，除了道德上的問題外，也等於宣告我徹底輸了這場大戰。不過，我的身、心皆已經被消耗的疲憊至極，這卻也是不堪的事實。

就這樣到了九月底，我接到了一通意外的電話，原來是之前曾帶我創業的老闆呂大哥。他得知我的消息後，也是想盡辦法想幫助我，不過他也知道我嘗試了千百種方法皆無效，所以想了好久，最後決定帶我去求助「無形界」。

這個想法從他口中說出倒也沒讓我太意外，因為這位呂大哥也算是個奇人異士，雖然在科技業打滾十多年，但在無形界的事業卻也做得很大。呂大哥這樣告訴我：「既然連中西醫都幫不上你，我看很有可能存在著無形問題，也許透過無形的力量能夠幫得上忙。」當下聽到這番話，我在心裡頭還是有些吐槽著呂大哥的提案，因為早在暴病之初我就曾求助過靈療和收驚，然而卻都無效，收驚阿婆們也看不出原因。就在我猶豫不決時，呂大哥已經騎著車來載我了，所以我就坐上他的機車展開另一段旅程。

那天下午艷陽高照，我們從台灣大學出發。坐上他的機車沒多久後，他轉頭對我說：「你看我的手臂，你一坐上來我就狂起雞皮疙瘩，看來你身上的寒氣十分的重！」聽到的當下，讓我感覺毛毛的，不過他說的確實也沒錯，雖然氣溫高達三十三度，但我卻感到四肢發冷，而他手臂上的雞皮疙瘩也很真實的呈現在我眼前。我看了之後心想：「大太陽底下起雞皮疙瘩已經很不可思議了，更何況剛好是在我上車之後。」但我不信邪，就先把它歸給現在體質太過虛寒好了。而在我不斷打哆嗦的這段時間，呂大哥已載著我經過萬華和板橋，一路到了新莊。

到了目的地後，發現是個拜玄天上帝的小神壇，因為壇主還在鄰居家辦事情，所以我們便先在一旁等候。我四處打量著神壇的擺設，看到壇上的玄天上帝，心中安穩些：「原來是上帝公啊！我們還真有緣，見到您我就放心一半了。」這是因為守護著我家的主神也是玄天上帝。

大概過了半個小時，壇主終於回來了。他坐下來以「接收訊息」的方式調查我的狀況。不過很詭異的是，和之前我曾遇過的宮廟人士一樣，完全查不到任何東西。

見到如此，我趕緊插上話：「看吧！根本就沒有什麼無形問題好嗎？」其實是我內心一直很畏懼那種問題發生在我的身上。

後來我的老闆呂大哥不死心說：「師父你再查查看，我感覺確實是有問題在他身上。」這次壇主師父請地藏王菩薩調陰間資料，才發現我不但有「冤親債主」找上門的問題，而且業力還挺強的，是一對討報的動物靈。因為祂們不願意現身和解，所以一開始查不到。

我問：「我上輩子究竟對人家做了什麼壞事啊，有這麼嚴重嗎？」

師父閉眼沉思然後說：「前輩子你犯了殺業，砍傷動物，而且還一屍兩命呢！」

當下我有點吃驚也有點半信半疑，心想：「這輩子的我可是連毛毛蟲都不會去傷害，真沒辦法想像上輩子的我會做出這種事。壇主的話可以信嗎？」我心中存著和大多數讀者同樣的疑問，所以持相當保留的態度。

雖說當下的我仍不太相信，卻也憑我的理性推斷出至少他沒有欺騙我的動機，因為這位壇主不但沒有收我一毛錢，也沒有慫恿我要花錢辦事，一切由我決定。我在向壇主道別後，便繼續坐上呂大哥的機車離開了。

為了確實幫助到我，我那熱心的呂大哥趁著日落前，又載我到板橋找一位他所認定能力不錯的師姑。我們見面先寒暄了一會兒，我發現師姑的人不錯，就像是熱心的鄰家阿姨。可是就在她坐定位開始幫我開始查明狀況時，彷彿變了一個人似的，表情以及說話語氣都變得很嚴厲。

她先詢問我這半年內家裡或宿舍附近是否有在動土，我說：「都有。」並且開始在紙上畫了看不懂的陣法查事情，然後告訴我，會造成我脾胃如此虛弱的肇因是嚴重的土煞，而因為土煞造成靈體磁場改變，很多東西也跟著找上門來，才會如此。接著不但一一說中我身體上的問題「胸悶、心悸、勞累等」，並且開始對我很兇狠的說話，第一次遇到這種狀況讓我有些驚慌失措。還好在一旁的呂大哥告訴我不用怕，她是在對我身邊的東西講話，而並非我。

待結束後，她叫我灌下她化的觀音水，說是這樣才能把我身上外卡不乾淨的東西先排除些。其實這只是唸了咒語的純開水，我想反正只要不是莫名其妙的噁心符水，我都可以喝的，便開始灌這些特別的「開水」。

灌完後，微微感覺頭暈想吐，但好像有舒暢些。她告訴我，造成我這樣的主因是土煞，其次是冤親債主和卡動物靈，現場只能稍微幫我處理一下。因為她是遠從台東上來台北，不但行程排滿而且必須奉旨行事，所以沒辦法幫我處理太多問題，若是要真正辦事解決還需親自到她所在的宮廟一趟。

臨別時，她轉身對我打氣：「弟弟你有機會一定要來台東一趟，母娘可以解決你的問題。我知道你很辛苦，但在這段期間你也要好好撐下去，加油喔！」雖然感覺問題很複雜，而且我還半信半疑的，但我還是滿懷感激的向她道別，並答應她我會找時間去台東一趟。

晚上十點，回到宿舍的我已經相當疲憊，躺在床上我開始慢慢回想今天所遭遇的種種見聞，覺得有些不可思議，但卻又努力說服自己不要被騙了，一定要小心再小心才可以。想著想著，就這樣昏睡過去了。

不問醫生問鬼神

鐵齒歸鐵齒，但我始終相信緣分這種東西是存在的。而既然命運有這樣的安排，姑且就順著命運讓我走一趟台東試看看吧！

在這段期間，我決定重新燃起鬥志並硬撐著回學校上課。起初，我常在課堂上累到必須閉起眼睛趴著聽講，不過我還是盡量地出席。而另一方面，我也開始積極「做功課」，想探討究竟在人類感官可意識的領域外，是否真的存在著現今科學難以驗證的空間和現象。就這樣，我每天泡在書店一個多小時研究靈學以及宗教類的書籍，把相關的暢銷書幾乎都翻遍了。抱持著科學理性的態度讀完這些書的心得是，我想我肯定在人類感官不及之處，必定還存在著我們所不能感知的現象和道理，總結來說應該就是所謂的無形界。

這也讓我想起，之前曾有一位物理學教授告訴我，窮盡人類現代科學所能透徹的真理可能還不到百分之一。當時的我完全不相信發達的科學怎麼可能如此渺小，直到此時，我才能體會教授所說的話。只是，雖然能夠推測出無形界應該是存在的，但各個通靈人在描述和說法上卻存在著相當歧異，這是讓我感到不解的地方。

此外搞笑的是，為了徹底滿足我那天生的求知慾，我還開始收看一些有關宗教靈學的節目，像是蓬X綜合台和世X台。這些節目主要藉由call-in讓「半仙老師」們幫忙信徒解開人生困惑，像是求財求運、消災解厄之類的。看久了還真讓人覺得老師們好神，難怪能夠唬住許多上了年紀或是運途不順的長輩，讓他們掏錢去找老師們辦事或購買節目介紹的產品。不過，這些節目讓我挺反感的，就我的直覺上認為藉由宗教來斂財好像不太道德，但是當下卻也說不出什麼道理來評斷這些行為的道德性，他們不就是一個願打一個願挨嗎？

十月中旬，在我「盧了」父母好久後，他們終於點頭答應帶我去台東走走。就這樣從台中繞過整個南台灣經過南迴公路抵達台東，這次一共花了七個小時，到達目的地已經是黃昏五點。抵達宮廟並下了車後，因為舟車勞頓，讓我感覺快累掛了，而此時見到宮廟裡面的大夥兒正在上香參拜。過不久，師姑便走出來迎接我們，大家便先坐下來泡茶聊天。在七點用完膳後，師姑便開始準備幫我處理無形的部分。

這時住持師伯和父親聊天，而師姑請到一位來這裡修行的通靈人幫我查看無形。這位通靈人即是本書的主角——L老師。第一次見到L老師，感覺很親切，我們寒暄了一下後，她便打開天眼幫我查看無形的狀況。霎時大家都停止說話，並把所有目光都投在我身上。我坐著摒息以待，L老師先是目光不移的盯住我的肩頸部位，過了半分鐘後，她站起來走到我身旁查看我的背後，並開始比畫「這裡……這裡……和這裡」，師姑點頭示意。接著L老師凝視著我的額頭，然後開始說出我的無形狀況。

L老師說：「目前這孩子身上有一個冤親債主討得特別兇，我靠近時她還一直兇狠地瞪著我。她從背後纏住肩頸，所以會感覺身重、胸悶、喘不過氣，整個人的神色也會無精打采的。」

我問：「那我究竟欠她什麼，為何要這樣纏著我不放呢？」

大約過了半分鐘，L老師繼續說：「我剛剛查了你的前世，是一位宋朝的大文官，雖然國家大事做得很好，但是卻沒有好好的處理感情問題，導致一個喜歡你的女生為情所殉。」

聽到這樣的答案，我用有些激昂的語氣對L老師說：「我想冤親債主這種東西，倘若真有其事存在，應該每個人都會有的吧？又為何單單只有一個前世女魂就能讓我這個日正當中的年輕人要死不死而拖延至今呢？不好意思，我不太能接受您的論點！」

L老師並沒有因為我的激動而不高興，她接著告訴我：「你叫沛恩吧？你說的都沒錯，來到世間上的每個人都有業果在，並非只有你一人。我看我就把來龍去脈告訴你吧！我剛剛已經稍微查詢你靈體上的訊息，除了額頭以外，手臂和大腿也都有記載。你最先開始的無形問題是土煞，土煞不斷破壞你靈體的磁場，只是你一直沒有察覺罷了。時間一久，到了暴病那天，除了天時不利外，那條女魂和那對動物靈又剛好找上你，當然一般年輕人是不會受干擾的，但你因為靈體磁場受損而和祂們頻率相近，所以便一舉將祂們吸到身上來。這也是你在沒緊張、沒運動、沒熬夜、沒病史且精神狀況良好的情況下，突然暴病至如此的原因，是所有無形因素碰巧一次撞上的結果。也因為對靈體的傷害實在太大了，換作是一般人，很可能會莫名地直接暴斃。所以你還算幸運，因為我還看見其他無形因素守護著你。」

L老師繼續說：「而當無形的靈體層面受到的傷害太重，會進而展現在肉體層面的不適上，這便是身、心、靈健康互相影響的概念。現代醫學對這種狀況是無法去醫治的，因為根本問題出在靈體健康，且無形的干擾將會打掉有形藥效。這也是有些病人即使得到再精準的治療和用藥，卻仍無效的原因。雖然如此，在病發之後的幾天，若是找對人並用對方法去處理無形健康，還是能夠補救的。但你一直沒有遇見能夠解決無形問題的人，導致肉體健康不斷被無形的力量給拖累和干擾，久而久之便形成惡性循環，並且在身上凝聚一股很強烈的寒氣，這也是在太陽下，你仍會感到寒冷的原因。」

雖然L老師的語氣和眼神絲毫不像是在捏造故事，但我仍半信半疑地說：「好吧！那讓我要死不死的持續當三年的活死人也夠了吧！為何這些親愛的冤親債主們還不放過我呢？」

L老師明快地回答：「沛恩你錯了，並不是祂們不放過你，而是你的靈體磁場始終未能得到改善，因而把祂們困在你的身體上，使祂們要離開卻也不得離開。告訴你好了，其實祂們早就想離開了！」

接著，我和L老師私下談了二十分鐘。我發現L老師幾乎把我這一路走來的遭遇都說中了，讓我深感不可思議，並增添幾分信心。但關於L老師的一番見解，我仍有些保留，並決定先把它擱置在心中，待日後再來驗證。

接著，師姑開始幫我處理因為這幾年靈體磁場低下且身體虛弱而卡的外陰，L老師邊指出位置，師姑邊抓除。師姑接著說：「卡陰的部分因為沒有討報旨令，所以可以直接處理。但關於冤親債主，必須擇日辦超渡法會，當事人誠心懺悔才能達成和解。」此外，師姑之前也提到我身上的土煞也中得很深，在師姑和L老師的確認下，現場也幫我做了補土儀式。

那天晚上，因為是我畢生以來第一次接觸無形界，自然是滿腹疑惑和好奇，所以我向師伯及師姑請教了許多靈學方面的問題，他們也說得頭頭是道，而我打算把這些知識先儲存起來，留待日後用科學態度一一驗證。只能說，昔有漢文帝不問蒼生問鬼神；今日的筆先生，倒是不問醫生問鬼神了！不過這也沒辦法，天下醫生早已問遍而無人能解，現在的我也只能試看看這個辦法了。

當晚，我就睡在宮廟內，據師姑的說法，這樣可以讓我的靈先行和冤親債主溝通協調。翌日，住持師伯告訴我這間宮廟要辦事必須先經過母娘的同意，我便很誠心的開始擲筊，一開始擲了二聖筊然後斷掉，大概到了第五次後就開始連續出現聖筊，直到連七聖筊才停止。當下我真覺得不是神蹟就是我的運氣超好，畢竟在這麼短的時間內連擲七聖筊是不容易的。

最後在父母的答應下，師姑開始寫了辦事的費用，算下來大概要兩萬吧！當下我很不忍父母要為我花這麼多錢。但天下父母心，為了能夠恢復以往健康，父母還是決定為我花這筆錢試看看，真是讓我很感動。而因為開疏文需要一些時日，爸爸也必須回到公司上班。所以我便和師姑約定好，等我的期中考告一段落再下來台東好好處理無形的問題。

閉關十日

回到台北後，精神和身體狀況都稍微好轉些。師姑和L老師在臨行前鼓勵我，卡陰排除，土煞又補回來了，我的身體狀況和無形狀況（像是運勢）都會逐漸好轉，接下來便是把冤親債主請出去，並改變靈體的磁場。兩個禮拜後，我費了一番工夫也把期中考給解決了，接著便全心全意地準備去台東的事情。

啟程的早上，身體狀況果然還是很不穩定，讓我感到十分擔憂，不過，我偷偷用師姑教我的擲筊方法向神明請示這次的旅程是否能夠順利。結果一連擲出四聖筊，看來運氣還算不錯，接著我便鼓起勇氣，拎起簡單的行李出發了。上車以後，彷彿真的有神明保祐般，除了剛開始在月台等候時有些呼吸困難和一陣陣的心悸身麻外，過了北海岸後身體便逐漸穩定下來。大概在十二點的時候，我下了車站並轉搭小黃前往目的地，十分鐘後我終於到達宮廟。當雙腳踏上地面的那一刻真的很感動，因為我無法相信前些日子連一小段車都沒辦法搭乘的我，這次竟然能夠戰勝全身的不適，遠行至台東。我想，也許連老天都在默默幫助我吧！

進到宮內，我只有看到呂大哥的姊姊在打掃。她說，師伯和師姑到市區去買明天科儀的用品。午餐是水餃，我和呂大姊兩個人邊吃邊聊，吃完後她去幫忙整理宮廟環境，而我便一個人在宮廟中晃。宮內沒有電視、報紙，更別說是電腦了，而宮外方圓十里也不見任何商店，對我這個每天生活都無法脫離電腦的宅宅還真有點不習慣。不過反正我是來尋找健康的，所以反倒覺得沒有雜亂資訊充斥的生活是如此的輕鬆寫意。也許一輩子就這次機會吧！我決定好好體驗。

以下附上我每天的作息表：

AM 4:45　起床刷牙，還好我本來就是早起的孩子，這難不倒我。

AM 5:15　卯時一刻大家齊聚為天公和眾神上香。

AM 5:20 神殿前八卦陣中運動練體，師姑會在一旁監督，不能偷懶。

AM 6:00 散步，看旭日從海岸山脈的那一頭東升。

AM 7:00 吃早餐，是清淡的素食。

AM 8:00 靜坐，抄經文，幫忙摺蓮花。

AM12:00 吃午餐，飯後大家聚在一起聊天，然後便各自午休。

PM 2:00 和早上同樣是抄經、靜坐或是摺蓮花，另外我也會幫忙打掃環境。

PM 5:15 夕陽西下，酉時一刻要再次上香。

PM 5:30 上完香之後是運動和洗澡，這段時間我也會和師姑聊聊她的靈學見聞。

PM 7:00 晚餐是一天中最豐盛的一餐，吃完後大家會聚在一起聊天和吃水果。

PM 9:00 那時的我還是很容易疲勞，所以九點前我便先去睡覺了。

宮廟裡當家成員就是住持師伯和師姑，另外還有幾位師姊在修行，其中包括呂大哥的姊姊。說到這個呂大姊，她在十年間不斷被人用強大符法鎖定攻擊，導致病重到

躺在床上數年，只要一動身就會全身痠痛，一點兒力氣都使不上來，還罹患多種癌症，找遍中、西醫卻都束手無策。她也和我一樣找遍了世上所有方法，最後找到這裡來。而這次上山我並沒有見到L老師，她因為一些事情已先回台北了，還真讓我有些想念她。其他來來去去的就是一些慕名而來的香客。神殿裡，由右到左分別是地母娘娘、瑤池金母和地藏王菩薩。另外也供奉其他神明像玄天上帝、觀世音菩薩、關聖帝君和三太子。在這裡的十天，我偶爾在母娘前打坐，偶爾向地母娘娘說悄悄話，當然也學會專業的「拜拜」。

在台東的每一天所能做的事情很單純，就像軍旅生活一樣。但卻讓我這個平凡人用肉眼見識到許多不可思議的奇蹟。比如說，折磨呂大姊快十年的強大符法病，在師姑的幫助下化解不少，竟和一年前我在呂大哥公司遇見的她判若兩人。還記得，當時的她虛到連走路都要攙扶，但現在卻聲音洪亮，還比我來得有精神。若非親眼證實這過程，我還真不相信有符法病的存在，並且能夠如此害人不淺。

此外還有一對擁有靈通的姊弟，姊姊雖然「聽得到」，但卻也因此被無形干擾很嚴重，不但得了憂鬱症而且虛到連開個門的力氣都沒有。弟弟「看得到」，但卻因為前世很深的業障，致使他的智能停留在七歲左右，看了十多年的西醫仍無效，而且常常會因為無形干擾而有暴力傾向。他們姊弟倆也在這裡得到很大的進步及改善，這是我親眼目睹過程的。這種奇蹟的出現，甚至讓他們父母願意每個月花好幾萬讓他們在這裡調養。我想，若不是有神效，又豈會讓中等收入的父母親願意花這麼多錢來做這些不科學的事情呢？不過關於這些奇蹟，我想還是要親眼所見，才能直接感受那種打破科學的震撼！

至於我呢？師姑這次幫我做了超渡儀式以及第二次填補土氣。超渡儀式做起來挺費工的，除了要寫上百張的全開疏文，還得準備大量的供品、紙錢、紙蓮花。最後，當事人還要擲出三聖筊，才能算順利和解。雖然我對前世所做過的壞事沒記憶（哈，這不是廢話嗎？），但我依然很誠心地向我的冤親債主懺悔道歉。結果還挺神奇的，在我擲到第五次後便連續來了六個聖筊，當下看了真有種莫名的感動。因為用機率學來看擲筊結果，六聖筊是很不容易擲出的。更有趣的是，我發現自從我學會擲筊以後，結果通常是相當準。而師姑也接到訊息並轉告我對方很願意原諒我，之後便開心離去了。雖然無形的事物我看不見，但我願意相信因果的存在，而既然對方都原諒我了，我得好好重新做人並且多積功德迴向給祂們才是，絕對不能再讓祂們失望。

接著，我想也是各位讀者最想知道的，便是筆者是否因此而有所改善呢？

科儀結束後的觀察，整個人比較有精神了，此外，在心靈層面也有一種難以言喻的輕鬆感，據說這是靈體能量恢復的表現。雖說身體層面沒有立即性的全面康復，不過師姑也說了，我因為拖太久，導致身體元氣跟著大傷，所以無法立即好轉。但既然無形的問題處理好了，相信是會慢慢改善的。最後，這趟旅程在第十天畫下句點。在我拜別師伯和師姑後，搭了一位也是從台北下來台東處理事情的洪大哥之便車回家，省了車票錢，又有人陪伴，看來回程會挺開心的。

回顧這十天，我受到相當大的震撼。在這過程中，許多科學無法解釋的現象，就這樣一一展現在我這個鐵齒台大人的肉眼前，一舉打破長久以來的科學思考框架。只是，雖然我開始認同另一個空間的存在，但如何求真以及不走偏，卻也是我接下來得面臨的考驗！而關於我那些不可思議的見聞，礙於篇幅不足，便放在本書第三篇——筆先生的無形趣談前兩篇來做詳述。

回到台北的路程是漫長的，好在司機洪大哥不但人好且健談，一路上我們就做伴聊天，並分享著這次台東行的心得。原來，我和洪大哥都發現，其實在這個宮廟中有許多不對勁之處。不過那時我們都還在人家的地盤上作客，不能多說什麼，所以也只能等到遠離宮廟後才敢拿出來討論和驗證。

首要的疑點就是費用問題。超渡儀式有明細，那自然是無話可說。但在台東住的這幾天，我們都發現有許多費用幾乎都是在毫無告知的情況下，等你不知情「消費」後，才向你開價討錢。像是依常理而言，宮廟的住宿通常隨喜布施，而我起初也是這麼想，所以每天很認真的在山上幫忙打掃，想說多做點事來報答這間宮廟。結果竟在我要離開的前夕，師姑突然開口向我收取四千的「住宿費」。天哪！這樣豈不是把宮廟當旅館經營了？那我問一句，既然你們把宮廟當旅館在收費，那我是不是也可以當個遊客翹著二郎腿享受呢？此外，還有強制的香油錢，每次進來至少要投一百元，不投會被師姑叫去關切。還有就是要「收紅包」。原來超渡儀式不是做完就算了，還要包個紅包給母娘，感謝她的慈悲。我想說算了，解決事情比較重要，並不想節外生枝，所以就包個兩百感謝母娘。結果師姑居然在一旁「善意叮嚀」，叫我拿出一千大鈔。當下雖然讓我很生氣，卻因為這十天還得仰人鼻息，所以終究只能先認栽。但這樣的斂財方法，真是相當過分。既然你要把宮廟做成營利事業，那我們便就一般經濟行為來看，價格必須在交易前讓消費者知道，這不是天經地義嗎？今天你刻意隱藏，讓人以為是免費而採取錯誤的消費行為，再於事後向消費者索價不但違法而且不道德。設想，要是我知道住一天要四百，我也不會住上十天，更不會把自己當義工辛苦的幫宮廟打掃和工作。可怕的是，師姑抓準了一般人對宗教鬼神未知的恐懼以及害怕引起報復的心理來斂財，相當惡劣。

第二，師姑和師伯在吃飯時，居然為了香油錢只捐兩百而在我面前辱罵我媽很小氣，並說捐這點香油錢，根本就是看不起他這間宮廟，最後師伯甚至還在我母親的客家血統上大作文章。我想，一個修行人竟然可以因為這點小錢而生氣，真讓人不知道他們的道修到哪去了。只是同樣的，因為頂嘴一定會被趕下山，這樣我將面臨沒地方吃住的窘境，所以當下我也只好強顏歡笑的面對。

第三，我發現師姑的靈通似乎有問題在，應該說是能力不夠。理由是每次信徒問事時，她總要透過其她通靈人的天眼和天聽才能確認，像是藉由L老師和另外一位師姊，雖然最後收錢的仍然是師姑。當我回到台北再見到L老師，她才告訴我，原來師姑只能接收訊息和辦事，並沒有天眼和天聽，只是那時L老師在那養車禍之傷，所以也只能受制於人，不敢吭聲。我這才發現當初為什麼她需要透過L老師才能看到我身上的問題。這實在有誇大不實之嫌，她卻還在我面前裝得好像靈通能力好高的樣子。

第四，在台東閉關的這段期間，師姑不斷慫恿我找更多人來這辦事。幾乎只要我提到哪個家人或同學，她都能宣稱有接到訊息，並說出我那些親友有什麼無形問題在，然後告訴我不帶她們來辦事是不行的，下場會很慘。表面上師姑是冠冕堂皇地說要「渡化眾生，使她們靈魂找到歸宿」，但我怎麼看卻都是師姑想藉宗教斂財的恐嚇，所以不斷敷衍她。

最後也是最可惡的，因為師姑只能夠過接上天訊息來查明無形問題，並無法直接開天眼去看，所以必須透過靈通能力遠高於她的L老師來幫她查詢。因此，只要有L老師在宮廟坐鎮時，進香團總是一車一車來，讓師姑賺飽飽。可是，L老師後來因為生病因素，回台北之後就暫時無法下台東了。結果師姑很著急沒錢賺，竟然做了最要不得的事——在L老師和呂大哥的友誼關係上大作文章，亂傳謠言，並且不時在大家面前臭罵他們，讓大家都信以為真。這害得知情後的L老師大哭一場，因為這對一個有夫之婦來說是很嚴重的人格污辱，更何況這件事是完全子虛烏有，這也就是後來大家都不想再回那間宮廟的原因了。

以上這些事情讓我深深感到不解和失望。不解為何一個擁有和無形界溝通能力的通靈人，受到世俗慾望的束縛卻還比凡人來得深呢？他們既然能夠和無形界溝通，應該明白凡間只是短暫的過程和試煉，並不是縱慾享樂的地方。可是他們不追求靈性提升就算了，居然還如此自甘墮落。而失望的是，表面上對我很好的師姑，背後的修養竟是如此的差。雖然在這次事件後讓我確信無形界和鬼神的存在，但卻也使得我日後特別提防通靈人和宗教人士，避免再次被騙或受傷害。

良師益友通靈人

就在我回到台北的隔天早上，接到呂大哥的來電，他說他想約我出來聊聊這次台東行的心得。中午，我們便在一家餐館見面，而在我意料之外，就連L老師也一起來了，再次碰面，讓我挺開心的。和他們聊了一陣子後，才把師姑亂傳的謠言給弄清真相，而另一方面，我們也徹底揭開了那間宮廟的黑幕，原來上一段我和洪大哥的觀察竟然都是真的，讓人感嘆不已。

但這下子倒讓我開始擔心身上的無形問題是否有成功化解掉，L老師便馬上開天眼幫我確認。好在，L老師很肯定的告訴我師姑確實有幫我化解掉不少問題，還很替我高興的對我說：「看吧！你額頭上的那條線消失了，而且像是卡陰和土煞也都有化解，恭喜你啊！」都忘了我根本看不見。所以，在這部分我還是得謝謝師姑。接著，

L老師告訴我：「放心吧！無形的事已暫時不影響你了。接下來，沛恩你要重新回去接受正規治療來調養身體，相信不會再像之前那樣，總是在無論怎樣治療都無效的窘境中打轉，必定會慢慢找回健康的！」

我有些疑惑地請教L老師：「那我以後還要繼續處理這些無形問題嗎？」出乎意料，L老師搖搖頭告訴我：「沛恩，我想你對中西醫都有相當的經驗吧！其實在無形層面的健康也是類似的道理。一個人平時就應該多行善積德，並端正自己的心念，這才是維持無形健康的根本之道。但要是某些靈體已經受傷太嚴重的情況，便只能透過科儀和法術來做處理，先治標了，否則緩不濟急也難以恢復。而你現在已獲相當改善，並打破惡性循環。在未來，沛恩你只要好好修心行善，並遇見值得信賴的醫師調養身體，相信接下來你的人生一定會很棒的。」

L老師的鼓勵讓我很感動，也指引了我對這些看不見卻又存在的世界，一種光明而正向的態度，讓我不再迷惘。回顧人生二十載，雖然沒做過甚麼重大壞事，但我好像也沒做過什麼大功德或有意義的事。既然老天爺還要我繼續留在這個世界上，那我更應該為接下來的全新人生積極奮鬥才對！

而由於L老師車禍的傷尚未痊癒，所以暫時無法工作。因此在接下來的日子裡，我便常常去找L老師聊天並分享她那不可思議的人生經歷。我還從中發現，原來她曾是讀經班的名師，所以也向她請益了不少關於儒釋道經典內涵的問題。她對我來說不但像朋友、像家人，也是解了我很多人生困惑的老師。當然，這也是我寫這本書的緣起。

我曾經問她：「一般通靈人有點皮毛本事就出來開業賺錢，而L老師妳能力這麼高，聽得到和看得到就不說了，甚至還可以穿梭陰陽界以及預測未來。若妳肯拿出一點本事來做事業豈不發了，就像在台東時一車一車的進香團來找妳問事那樣，如此也不用背著沉重房貸過中低收入戶的生活了。」

L老師卻回答我：「很抱歉讓妳失望了，第一個原因是，既然我現在是凡人，就應該用凡人的能力賺凡人的錢，而不該濫用這些靈通。此外，與其動用這些能力幫人消災解厄（治標），倒不如直接渡化人心來使人向善，這才是真正的救人濟世，也是我不太鼓勵民眾一直想花錢辦事的原因。最後，動用這些靈通來滿足私慾必將付出代價。所以像師姑這樣透過靈通來斂財的人，是會被他在天界的老師處罰的。而我自己很清楚我來人間是要完成天界所交代的任務的，所以從來沒有過用靈通來斂財的念頭。」聽完L老師的一番言論後，讓我很感動。原本我以為在台灣的通靈人或宗教人士都很墮落、貪財，沒想到還是有清流存在的。

在這段期間，我對靈學和哲學的認識和學習，讓我漸漸解開曾經不斷逃避的人生大惑。而關於爺爺去世的衝擊和我這一路走來獨一無二的人生經歷，也慢慢的從這之中找到解答。

遇見台大流中醫

L老師說了，關於我在無形層面的問題，已獲相當的改善。所以，接下來我不會再像過去那樣，雖試遍全天下的治療方法，到最後卻都只是徒勞無功。我決定再次鼓起信心和勇氣，重新找回我所失去的那一切。

那，我究竟要找西醫還是中醫呢？毫無疑問地，西醫仍然是我優先排除的選項。以下，大家聽了一定不敢相信，但這確實是四年來我的親身經歷。自從二〇〇七年我暴病的那天開始，無論是感冒、發燒、咳嗽、腸胃炎、頭痛甚至是牙齒痛，西藥完全無法再對我的身體起任何正面效果，當然更別說是我的主病。而既然屢試而無效，那對我而言，看西醫便不再具有任何意義。

也許是天意使然，在這次台東行並遇見L老師後，我的命運再次產生大轉變。年底，我重新遇見中醫，並開始出現不一樣的結果。這是一位在南京東路上小有名氣的醫師，雖然功力深厚但卻相當謙虛。他一把脈就知道我的消化吸收功能極差，並且決定從脾胃這個生化之源開始下手，認為先讓我慢慢能夠吃和睡才是重要的。就這樣，我照醫師指示吃了兩個月的小建中湯，精神和體力開始明顯好轉，睡眠品質也變好了。此外，在他身上，我看見不同於深受西醫影響的坊間中醫論治思維。是他，使我見識到真正中醫的魅力，並開始對中醫學萌生強烈興趣。最後，我也下定決心踏上學習真正中醫的道路。

在中醫前輩的介紹下，我決定跟從一位功力深厚，卻以深入淺出到連小孩子也能聽懂而聞名中醫界的老師——ＪＴ叔叔學習。在拿到課程之後，我在一個月內就把中醫基礎班給整整聽完兩遍，並有著滿滿的收穫。有趣的是，我在上課過程中竟然發現，不但JT老師是我的台大學長，就連JT老師的恩師也是台大的教授，那我的師門豈不是名副其實的「台大流中醫」啊！聽起來還真不錯。

說到這位JT老師的教學內容，是和科班體系大相逕庭的。他主要是奉經典（黃帝內經、傷寒雜病論、神農本草經、難經）為圭臬來教學，原則上是宋朝以前的古中醫，也就是近年來在中醫界漸漸復興的「經方派」為主體。JT老師一再強調學中醫最重要的是能夠醫好病人的醫術而非自作聰明謅出一大堆中看不中用的理論。他也認為中醫和西醫的思維是完全不同的，彼此雖然可以做為戰友共同來為救人而努力，但絕不可把西醫那一套思維方法強加在中醫身上，否則會把中醫給搞爛，導致現在這種若有似無的醫療效果。

再以這樣來看待中醫，醫聖張仲景的傷寒雜病論便是經過數千年及無數人驗證，只要對症，必定是有效的方劑。這部經典，幾乎可以說是無懈可擊的醫學聖經。說到這個傷寒方用得多神奇呢？像近期我才因為感冒而頭暈痛、怕風吹，加上喉嚨微微發炎，結果我現學現賣的依照傷寒論抓準症開出我第一個藥方——桂枝湯，竟然在溫服湯藥後的一個小時內頭暈痛和怕風感消失得無影無蹤，身體也有精神多了。沒想到至今仍讓西醫束手無策的感冒，老祖宗在幾千年前卻已有明確療效的方劑來加以治癒，讓我覺得能夠學到真正的中醫實在是三生有幸啊！

此外，JT老師也深信無形界的存在，並指出中醫學有很大一塊領域便是對無形運作的觀察和處理，比方說：穴道、經絡、精、氣、神、魂魄……等。這些事物明明確實存在，卻又無法被現代科學所解釋，而中醫便是在跨越有形的物質科學和無形的靈學間築起的一門大學問。若要從形而下的物質世界踏入形而上的空間，我想認識中醫是不錯的選擇，而正好我也才剛建立起對無形界的認識，用科學思維再加上對無形的認識去理解中醫，更使我能夠體悟中醫的精髓所在，並漸漸發掘中醫的真正精神。

找尋另一把破解之鑰

原來，真正的中醫竟是如此的美妙。從此，我開始瘋狂的學習古中醫，在短短半年間，我的書架上就多出了四十多本醫書。每天，我都會安排固定時間來研讀，要是閒得發慌時，便是抄抄內經和傷寒雜病論來打發時間。這對我來說是前所未有的學習快感，終於找到可以讓我如此狂熱的知識了！

而在我學習中醫的這段期間，曾有一次好奇地詢問在一旁的L老師。我說：「既然L老師之前提到身、心、靈本為一體，彼此會互相影響。那麼關於我暴病的起因——土煞，透過對身體的調養應該也能夠緩解吧？否則現在這麼多人也中過土煞卻不知，豈不也有可能演變成像我這樣？而我也實在很難相信會讓我暴病自此的肇因只有那些靈體層面的問題。」

L老師點頭並告訴我：「你說的很正確，除了無形因素外，會造成這樣的暴病的確，還有一半便是你長期累積的健康因素，但我想關於這個問題你自己最清楚不過了。而既然你現在已經走進中醫，便可以開始回憶這十年來你究竟是如何對待你的身體的。」

這讓我回想起小時候的我，體力可以說是超級旺盛的，幾乎和生病沾不上邊。只是到了中學時代，作息和飲食便開始不正常，也沒有什麼時間在戶外運動強身，特別是高中的學業競爭常壓得我喘不過氣。到了高三，也許是繁重課業壓力，我得到一種慢性頭痛，只要在運動後或者太忙便會發作，而到了後期幾乎是每隔兩天就會頭痛一次，痛到幾乎沒辦法念書。當時的我就有請西醫幫我診察，只是腦部檢查毫無問題，所以我也只能用止痛藥先擋了。

上了大學之後我不但沒有讓自己好好休息，作息還更加日夜顛倒。再加上當時的我，得失心和自尊心都強，是個典型的完美主義者，所以總是給自己太大的壓力，並且會不斷找事情來磨練自己。卻也因此在不知不覺中持續透支身上能量。這時，以治未病的中醫角度來看，已經嚴重傷了體內元氣和能量，只是尚未演變成實質病變罷了。而就在二〇〇七年暴病的前一週，我因為外感風寒而發燒外加腸胃炎。但當下我的處理方式卻是直接去台大醫院打點滴和吃藥，然後回過頭來繼續忙我的事業和家教，一刻也不想讓我的身體喘息。

體內元氣早已虧損連連，而我卻持續地操勞我的身體。就是在這種「表面風平浪靜，實則暗潮洶湧」的健康狀況下，不但最初中鏢的土煞無法得到恢復，就連靈體的磁場和能量也持續低下，最後有形和無形的病因都糾結在一塊兒，結果便是暴發出這般前一刻是健康人，什麼也沒做，下一刻卻突然闖進瀕死邊緣的莫名暴病！

L老師說得沒錯，我想我最能體會，在當下襲擊而來的那種衝擊，讓一個人莫名猝死是毫不為過的！只是我還算幸運，硬是死裡逃生。但應該死卻僥倖活下來，轉而呈現在我身上的便是這種驟然發作，彷彿全身機能和能量瞬間盡失的暴病，且持續凌遲了數年，難怪我會痛不欲生了。

而這一切的過程，以西醫目前的技術是幾乎不能夠察覺的，因為我並無器質性損傷，而是在臟腑能量和機能上呈現高度的衰弱。所以在看遍各科西醫後，總是因為那些藥物而把自己的狀況弄得更糟糕罷了。

但為何看了三年的中醫卻無一見效呢？這種體內能量失衡的問題不正是中醫的強項嗎？我想這中間雖有不對症的藥方，但我回去翻閱這三年來累積的數百張處方籤，卻發現也有諸多是對症的藥。其中的原因，我尋找了四年之久，但始終沒有找到答案。直到L老師告訴我，無形層面的問題會干擾藥效和阻礙肉體的自癒機能後，我半疑半信至今。而走到現在，便是最好的印證時刻！

真的是山窮水盡疑無路，柳暗花明又一村啊！重新遇見中醫，我發現原來這種現代醫學完全束手無策的病，早在兩千年前的傷寒雜病論就已有相關記載和解法，而這一切就在血痺虛勞篇，專門補救虛勞之人的元氣。我花了點時間研讀那篇原文和歷代名家注解，並看了上百篇相關醫案。最後，在醫師的推薦和許可下，我決定遵循古方，重新啟用薯蕷丸和腎氣丸來打打看。

結果讓人感到驚奇。在歷經一個月的療程後，我的精神從隨時感到極度疲勞，回復到正常人的八成以上，眼神由黯淡變回銳利，冰冷的四肢開始回溫，全身機能也不斷地在好轉。這對早已絕望的我來說，真不敢相信數年沉痾居然能在這麼短的時間內就有明顯起色。當然，你可以說是這些方子本身的巧妙，但其實像腎氣丸這類的方子，我之前也用過一個月，結果卻完全沒效。而前後相比，在所有物質因素幾乎不變的情況下，這次卻產生顯效！這又是為何呢？因此我只能更加相信L老師的說法為真，看來的確存在著現代醫學所看不見的健康因素！確實，補藥現在都慢慢吃進去了，不同過往，彷彿少了某種莫名地阻礙似的！而這也讓我更加深信，中醫，便是那另一把讓我康復的希望之鑰！

雖然身體能量虧損太久，可能還需要一段時間才能徹底康復，但真的讓我由衷感謝中醫，是這些先賢的智慧救了我。我也真誠希望，有一天中醫能夠再次發揚光大，並帶給人們健康和幸福。

重譜生命之歌

這些年一路走來，包括和這場重病的長期抗戰、試著用科學來探索靈學、認識一群善良的通靈朋友、學習古中醫以及追尋生命的本質，每一個生命過程都是那個當年趾高氣昂踏進台大的鐵齒小子所料想不到的。我想要是沒有這場病的洗禮，現在的我也許會是個頂著台大光環領著比22k薪水高一些的社會新鮮人。這聽起來好像還不錯，至少符合社會和家庭期待。但我回頭想想，似乎卻永遠也不會明白我來到這個世界上的意義究竟何在了。

所以，我很慶幸，慶幸老天能安排這種「奇怪」的人生在我身上，讓我能漸漸明白生命的價值和真理之所在。而生命價值和宇宙真理，不正是大學之所以為大學的終極目的嗎？只是我踏上的是一條與眾不同的道路。但是，我仍無悔，因為我已從中慢慢體會到「朝聞道，夕死可矣」的感悟。

也因為意識到靈魂的存在，今天的我，已經開始學習放下肉體慾望束縛，去追隨靈性所向，以一個靈魂人的角度來看待這世界，並重新享受這世界的一切。我相信，任何人都如此，我們來人間這一遭並不是為了吃、喝、玩、樂，也不是為了不斷追求功名利祿直到老死。以一個永久靈魂人而非短暫肉體人的角度看來，這輩子來人間的意義便是要好好學習和接受考驗，如此才能夠讓自己的靈性提升，跳脫輪迴之苦，回到那個幸福的天堂或天界。

而現在的我，平常不斷充實自己的知識和研究中醫學，希望也能把我對生命的體悟和更多人分享。我發現到，在現代高度競爭的社會環境下，出現愈來愈多像我這種明明感到全身痛苦，西醫卻完全檢查不出的病人，其中有學生，有主婦，也有上班族，至少就有十多位朋友曾經向我求助過。因為是過來人，所以我完全能體會他們的感受，只是，我卻還沒有足夠的能力來幫助這些真正受苦受難的人們。所以，我想只有寫本書來把我這一路走來的經驗分享給大家，是最快的。我深深希望這些朋友也能找回自己的健康以及生命意義所在。

此外，因為L老師的緣故，讓我認識很多善良的通靈朋友。在與他們的相處過程中，使我確信靈魂的世界是存在的。這個結果不但改變了我整個思考架構，更讓我對生命有著全新視野的認識。

所以，我有一個夢，那便是希望有一天科學也能夠證明靈魂和鬼神的存在，並從物質科學進步到心靈層面的科學。如此一來，這社會上的迷信者和鐵齒者終將逐漸改觀並走向正道，斂財騙色的神棍更是無所遁形。而憑藉著台大賦予我的科學態度和獨立思考能力，我期勉自己在追求無形界的規律和真相時，不會變成迷信。接下來的第二篇，也是因應這個夢想而生的。

最後，還是感謝老天，能給我這麼棒的成年禮。對現在的我來說，每個朝日都是嶄新的開始和重生，我想，還有很多事情等著我踏出嶄新的步伐去探索，人生這場遊戲，相信現在才正要開始呢！而踏出夢想的第一步，就是把我的親身見聞和體悟都寄託在這本書中和諸位讀者分享，接下來，也是本書的主題，科學與靈學的交鋒即將展開。

第二篇

台大人遇見通靈人

——科學與靈學的交鋒

前言與通靈人簡介

在我們人類感知得到的物質世界外，是否存在著其他空間和現象呢？關於這個問題，也許有些人會不假思索的點頭同意，而有些人會選擇相信科學所能證明的一切，並斥鬼神為無稽之談。但我想大多數人，都是抱著寧可信其有，卻又敬鬼神而遠之的心態來面對。那麼，無形界究竟是什麼樣子呢？

正當我準備動筆寫下這篇時，內心感到無比的興奮和熱血。因為，以現今的科學能力而言，尚無法證明祂們的存在或不存在，當然更談不上什麼靈學了。而在另一方面，坊間雖然也有為數不少的靈學書籍試圖揭開無形界的面紗，但在寫法上卻始終無法跳脫「以靈解靈」的思維框架，沒有一套較為實際的思考基礎。如此一來，靈的世界勢必讓一般民眾更感虛無飄緲，並拒大家於門外，自然也很難讓大多數的人們相信靈魂的存在，進而找到生命意義之所在了。

因緣際會下，筆先生認識了靈通能力很高的L老師及一些善良的通靈人朋友。我帶著求知若渴的心情，有空便向他們請教和分享無形界的現象和道理。在這些基礎上，筆先生大膽地在本書提出一個嶄新的靈學分析框架，那便是透過科學概念和生活思維這些較為貼近一般大眾的想法，試圖架起科學和靈學問的橋樑。

我希望藉由這種全新的描述手法，能提供讀者們一種「較能想像」的思考框架來看待靈的世界。除此之外，還要正面地認識靈學，不再對這些看不到摸不著卻又好像存在的事物感到迷惘及恐懼。最終，我更希望能藉由這種全新的概念讓靈學變得正向且平易近人，成為可以用實際方法去討論的學問，並使社會上的迷信者和神棍失去藏污納垢的空間而消失殆盡。因此，我決定寫下這一篇——科學與靈學的交鋒，而我深信這將會是件有趣且有意義的事。

接下來，要介紹的是本篇的靈魂人物L老師。她不但是我敬愛的長輩兼好友，同時也是一位能力極高卻又十分善良的通靈人。

L老師在出生時就已經擁有思考能力和記憶，所以在週歲前能夠控制自己不哭鬧且開口說話，曾因此嚇到旁邊的親人。而關於她的生命故事也是處處充滿驚奇，曾經到英國留學被一堆搗蛋鬼鬧，最後費了好大的工夫才和他們溝通協調好；也曾在東南亞待了好幾年並義務教當地小孩讀經，讓她想以佈道為一生志業。

在人格特質上，她總是堅持以凡人的能力完成凡人的事。這點有別於坊間多數通靈人總想透過靈通能力來賺取金錢和物質滿足。不過她卻也因為抱持著這種堅持到現在，家境狀況一直不太好。所以，在我剛認識L老師並見到這種情況時，才曾故意問她為何不使用強大的靈通來賺些錢過好日子。讓我敬佩的是，她完全不為所動，並對目前生活甘之如飴，認為可以溫飽就足夠了。因為她知道她在人間的真正使命為何，也體悟到世界上還有更多人需要幫助，所以不能因為這些物質誘惑而使靈魂墮落。

L老師的個性相當親切，而且富有愛心，總想著要如何幫助其她人。曾看過她連騎機車被撞倒受傷都還硬撐著去問肇事的運將有沒有受傷，這真是讓我這個血氣方剛的小子好氣又好笑。

L老師也有著很特殊的體質，能夠好幾天不吃不喝不睡，聽說有幾次都還破了印度聖雄甘地的絕食紀錄。她也常在睡夢中向她在天界的老師學習知識和功夫。在靈通方面，L老師與生就具備眼通、耳通以及心通，可以隨時接收鬼神的訊號並且使用各種靈語和鬼神們溝通，所以拜拜不需要擲筊，而看命也不需要排盤。此外，有時她的靈魂還會出竅去辦天界交代的事情，因為她的靈原本就在天界擔任要職。其靈體也可以穿梭在不同空間中，是位具有先天能力的通靈人。不過當然她的能力遠不只如此，而至於詳細的能力，就留待後面來一一說明。

回顧自己的大學生涯，總是和我的主修經濟學不怎麼來電，這也使得我鮮少在課堂間向教授請益學問。但今天的我相當幸運地得以坐在一位能和鬼神以及無形界溝通的高層次通靈人面前，討論這些至關重大的生命或生活議題，還真是讓我有滿腦子問題想要發問或驗證，用「十萬個為什麼」來比喻還真不誇張呢！

關於接下來要探討的靈學，我不能也不認為用科學儀器或實驗數據可以證明這些不可思議的現象。但是，我必定以理性客觀的態度以及最忠實的筆觸去記錄這一切。而我也和L老師說好了，請她把親身經歷以及她在天界的老師所教過的道理和各位讀者分享，但若事關天機而不能透露，那便不說也罷。

最後，我會把接下來的內容定位在「忠實分享」而非「傳道授業」。因為無形界的複雜程度遠超過有形界，我想即使再厲害的通靈人也無法達到完全準確的描述。既然如此，我們就不能把話寫死，只能忠實描述所見所聞，這便是科學的態度。我希望在這一來一往的問答過程中能激發讀者全新的思考視野，無論是對靈學、生命意義甚至是宇宙本質都好，而這才是重要的。我相信若是大家都能跟著用理性客觀的角度來認識物質和肉體以外的世界，必能逐漸發現生命的意義，同時也能跳脫宗教迷信或鐵齒心態，得以邁出追尋人生價值和幸福的第一步。

首先，我們就從靈學的一些基本概念開始談起。

相信靈魂的存在，是正確認識無形界的首要前提。而關於如何去驗證靈魂的存在，也是從古至今人類一直想要解開的謎團。

在科學層面，世界各大先進國家皆有相關的研究計畫。只可惜這些實驗大多囿於現今科技能力的限制，而難以準確驗證無形界的存在。某些實驗雖然看似已經證明了靈魂的存在，但卻因為研究成果尚不成熟或者有瑕疵在，所以至今仍無法在科學界形成共識並定調下來。

在神學層面，各大宗教也都深信靈魂的存在，這是毋庸置疑的。只是我們追本溯源可以發現，宗教的原意並不是像馬克思所說的「人民的鴉片」或是安撫人心的手段，這些都並非宗教原本目的，而是後世教徒曲解教義使宗教墮落的結果。其實，所有正派宗教的本質都是建立在如何讓靈魂得以超脫物質而得到永生之目的上，並從中指引出一條康莊大道，是故，「靈」便是所有宗教的基石。

最後，從古今中外，官方到民間，口耳相傳或是文獻記載，皆可以發現到這世界上確實存在著許許多多人類無法理解的現象。也許有人會說這一切都只是老祖宗編的故事，純屬捏造而非事實。但是，為何世界上各個角落都存在著這些科學無法解釋的神話呢？而這些神話又何以流傳幾千年而不破呢？也許少數案例真的只是謠傳，但這並不代表我們可以就此全盤否定掉其他多數的真實性，這樣的態度是不科學的。

以上，從科學、神學和歷史文獻三大層面都可以見到人們從古至今就不斷想探索無形界，雖然科學界還不能夠證明，但至少，我們也不能否認其存在。因此，筆先生想請讀者們先暫時相信「靈魂是存在的」這件事，並以這個假設前提繼續往下看，相信在這樣的思考視野下，能有更多的體悟。要是各位讀者在看完後仍不相信無形界的存在，那再請大家丟掉這個假設也不遲，謝謝大家。

以下便開始筆先生和通靈人的對談。

靈體與魂魄

於一開始，我想先就我在黃帝內經對魂魄的認識來向L老師請教。會這麼問是因為內經不是玄學，而是老祖宗的醫學智慧，所以有極高可信度在。

我問：「首先請教L老師，依照黃帝內經對於魂魄的描述『隨神往來者謂之魂，併精出入者謂之魄』。我在猜想靈魂是否應該拆成靈和魂分開來看才正確呢？此外，古中醫認為人必須同時具備心神與魂魄，才能滿足一個人能量或無形層次的健康，這種概念是正確的嗎？」

L老師回答：「雖然我沒讀過中醫，但這和我的靈學觀點確實是相符的。人只有一個靈體，另外還有三魂七魄。先講靈的部分，靈體相對於肉體是永恆不滅的，在人死後，靈體一般來說會回到陰間接受審判然後繼續輪迴。而三條魂不見得會跟著靈體走，其中有一條會留在陽間徘徊，而另外兩條魂天地之間會有所安排，這要看這人在陽間的所作所為來做定奪，有可能去地獄，也有可能留在陽間，也就是我們俗稱的阿飄或鬼魂，我們祭祖和拜好兄弟，拜的主要便是「魂」。而魄在人死後會漸漸消失。

所以說，為何讓一個人死而復生是很困難的？因為人在死亡的那瞬間靈與魂魄都會散去，必須重新聚集三魂和七魄於肉體上，人才有機會起死回生，而這需要很大的能量和功德。此外，一個人的靈與魂魄若是受到傷害，也會直接或間接影響這個人在肉體層面的健康，反之亦然，所以我們說健康是一體多面的。」

以這樣來看，中國人用魂飛魄散、失魂落魄、魂不守舍等成語來形容一個人的精神狀態，不但合情合理，而且還能彌補現代醫學難以捉摸的能量健康層次描述。原來老祖宗在很早以前就已觀察到人有「看不見」的健康層次，真是不簡單。

我繼續問：「那在L老師的陰陽眼中看來，靈與魂魄究竟是怎麼樣的呈現呢？可以和大家分享嗎？」

L老師說：「關於靈體的呈現，我看到的就是一個和本人面貌很相像的東西，但兩者的表情卻不太一樣。此外，靈體在同一時間內不一定和肉體做同樣的事，有時還會亂跑，也常會有不同於肉體大腦的想法。」

聽完L老師的描述，我想靈體的思維可能就是心理學所說的潛意識，能夠在無法知覺的情況下左右人類大腦的理性或行為。

L老師繼續說：「而關於魂的呈現，就位置上看來比較上方，可以說有三個光影浮在肉體上。魂與靈都是無形的概念，但魂比靈體還不穩定，不但愛亂跑，而且很活潑。至於魄比較消極且不愛動，但本性卻又調皮，會去打擾別人的靈魂，反倒是活潑的魂不會去做這種惡作劇。」

這讓我聯想到，像我常走在台北的街上，看著來回穿梭的陌生臉孔，對於某些陌生人，讓我直覺很舒服，但某些人卻又讓我感到討厭，可是會有這些直觀卻又不完全是美醜問題。照L老師的說法，也許是人體無形層面的交流，決定了潛意識，而這些潛意識又進而影響大腦而對不同陌生人產生不同直覺吧！

我繼續問：「既然說靈體是永恆的，那這是不是代表靈體記錄著前世記憶呢？」

L老師說：「沒錯，但靈體的這些前世記憶，一般人大腦並未跟著相容，因為都在輪迴前被暫時洗掉了。像通靈人所說的看三世因果，指的也就是這些靈體的累世記憶。此外，催眠師透過催眠來調出人的潛意識，也是靈體記憶的呈現，所以常常會見到肉體大腦根本不知道這些事。」

這讓我想到半世紀前曾轟動台灣的「朱秀華借屍還魂」一案。內容大約是這樣的，有一個金門人朱秀華，在渡海來台時遭人害死。神尊認為他的陽壽未盡，而且對她所受的冤屈感不平，所以交代她在雲林麥寮一位病危的婦人身上借屍還魂。結果這位婦人氣絕身亡後，竟又在第四天活了過來。但和之前不同的是，裡頭的靈魂不再是原本的婦人，而是金門的朱秀華。一開始這名婦人的老公原本還不信，結果借屍還魂的朱秀華操著金門口音，可以細說在金門的往事，而且還能寫字算數（原本的婦人不識字），個性也和婦人大不相同。經過一番折騰，才讓大家都相信。這件事不但報紙有篇幅報導，而且不少人曾前往取證，皆證實了這件不可思議的事情。就連最不會信這個的台大醫院，也覺得這位女士的精神狀況完全正常，而無法解釋在她身上所發生的一切。

我問：「那朱秀華借屍還魂一案應該也是真實的吧？」

L老師回答：「這個我親自確認過，是真實的。」

這件案子也間接說明了人的思維主宰在無形的靈而非有形的腦。否則大腦又沒換，不應該有這種「整個記憶和人格都徹底產生改變」的事情出現，但這部分我們就先留待靈學VS.醫學再做詳述。

我繼續問：「那想請問L老師，有生命的萬物都具有靈體嗎？」

L老師回答：「嗯，只是靈格高低有所不同而已。像人類就算是有形萬物中，靈格最高等的。又比方說植物同樣也有靈，但靈格很低，連輪迴都不必經過。而要經過很長一段時間在陽間吸收天地精華，才能升等成動物。這些生命在凡間的所作所為，將是決定靈體升格或降格的重要依據。所以，我們這輩子能做為人這個萬物之靈也是件不容易的事。」

我接著問：「靈格或靈性的概念在各大宗教中好像都挺重要的，可以請L老師多做點解釋嗎？」

L老師回答：「靈格，簡單來說就是靈體的等級。靈格只是一種指標的概念，靈性境界才是真正內涵。靈格愈高的靈體，智慧和道德層次通常也愈高，此外，靈體挾帶的能量也是愈充足飽滿。基本上無形界的成員幾乎都在追求靈格或靈性能夠不斷向上提升。附帶一提，靈格在人類之上的包括神尊們還有某些高層次的外星人。而在人類之下的，就是人類所支配的萬物，像是植物、微生物、昆蟲、爬蟲類等。」

我繼續問：「聽L老師這麼說，那我想進一步請教，為何無論有形界或無形界的萬靈，都要不斷追求靈性或靈格向上提升呢？」

L老師沉思了一段時間，然後說：「這是個相當深奧的問題，我也沒把握能完全說準。但我確信的是，靈格之所以會提升，是道德和心性修為達到更高境界的結果。我自己在這過程中，於內深深感受到靈體變得更逍遙自在，且對萬物萬事看得更豁達，也不易感到困惑和執著。於外呈現則是靈體能量更加飽滿充實。」

我繼續問：「那是不是通靈人的靈格比較高，而靈格高的人在凡間也比較厲害或更有道德感呢？」

L老師回答：「平均來說，通靈人的靈格比較高是沒錯的，但並非靈格高就必然有靈通。會具有靈通，通常是在天界仍有事情未完成，或是仙佛菩薩交代任務，必須在凡間完成，所以天界才賦予他們這些特別的能力。靈格高低和是否在凡間能當富翁，或者當總統，也沒有太大關係。反倒是常見靈格高的人，在凡間會遇到更多挫折。因為除了先天的責任外，還得面對人間更大的考驗。」

我笑說：「既然人間是天界考驗靈體的試場，那資優生寫難一點的題目倒也說得過去。」

L老師繼續說：「至於是否更有道德感，我想也並非如此。何以言之？雖然這些靈格高的靈體原本在無形界的心性修為相對是較高的，但到了凡間之後，反倒因為受到的考驗和誘惑更多，更容易迷失自我而墮落。」

最後我想問：「有些人的靈通是一生下來就被安排的，但有些則是後天開啟的，那先天靈通和後天靈通差在哪？」

L老師回答：「先天靈通者，會知道自己該做什麼事，也就是我們所說的天命，在冥冥之中，無形界也會不斷給予指引和幫助。後天靈通者，通常是基於本身的慾望或好奇心而透過外力來開啟這方面的能力。即使通了，也多把能力用在物質慾望的滿足上，因為他們並不知道自己的天命何在，而在沒有正神的指引下也容易走偏。很遺憾的是，就台灣的通靈人來說，後天的還真不少。」

因果與輪迴

說到輪迴，就不免讓人聯想到大家耳熟能詳的孟婆湯。

我問：「請問L老師，陰間真的有孟婆湯這玩意兒嗎？」

L老師很肯定的回答：「真的是存在的，我有看過。而且不只東方有，西方也有，只不過是另外一種型式的呈現。所以無論你信什麼教，絕大多數降生於這世上的人，腦中記憶體都會是全新的狀態，而不會殘留前世回憶。」

我說：「原來西方世界也有，這倒是讓我挺吃驚的。那為何在投胎前要喝孟婆湯，它的意義究竟何在呢？」

L老師回答：「意義在於讓人投胎時暫時先洗掉過去靈體的記憶。否則若是人轉世後仍具有上輩子的回憶，將會是件很痛苦的事。此外，上天透過這種方式來暫時封印人們上輩子所做種種的記憶，也有給人們一個全新開始，好好改過向善的意義在。」

我問：「每個要投胎的靈都會喝到嗎？」

L老師回答：「基本上都會喝到的，但還是有些特殊的案例。比如說某些天界特別安排任務的靈體，可能只喝一些，而不是全喝，所以還會殘存前世的記憶。另外補充一下，肉體記憶是一輩子，而靈體記憶卻是累世的。待人們往生後，靈體的累世記憶又會恢復，也就是說孟婆湯效力僅止於一輩子。」

這部分讓我感到挺有趣的。就像前一段所說，催眠術和看因果調的都是靈體的深層記憶，而非大腦的現世記憶。看來這些累世記憶並不是真的被孟婆湯洗去，只是暫時被封印起來罷了。以這種靈學觀點再回來看催眠術和調三世因果，便可以合理解釋這些不可思議了。此外，從小到大我就一直覺得要是有孟婆湯，那還真是個令人討厭和害怕的東西，因為會剝奪我所有寶貴記憶。有了正確認識後再回來看，倒覺得這玩意兒還挺不錯的。

我問：「L老師，那人死後一定會再輪迴轉世嗎？還是有一些達成條件的靈體可以重新回到天堂或極樂世界呢？」

L老師回答：「這當然要看你這輩子的修為而定。道德心性修為到了某種程度，並通過人間的考核，就能回到天界。但大部分有靈性的萬物在肉體死亡並回到無形界後，還是會再經過輪迴這一關，繼續接受凡間的考驗，直到及格為止才能夠跳脫六道輪迴，晉升天界的成員。」

我問：「那每個人都有前世嗎？」

L老師說：「大部分是有的，但有少數例外。」

我問：「那些例外是怎麼一回事呢？」

L老師說：「有些靈體是神尊直接派下來到人間投胎的，它們可能是全新的靈體，所以自然而然也沒有前世。」

我問：「那前世的種種，將會如何影響今生呢？比如說興趣、職業、專長等。」

L老師回答：「前世的興趣和職業，可能會在你的潛意識下呈現。所以在常見到人會對於一些事情有莫名好感，很多就是這個因素的影響。」

我繼續問：「我曾看過一本暢銷書，裡面的作者認為前世的肉體損傷會影響靈體，進而波及到今生的殘缺，這是真的嗎？」

L老師回答：「基本上肉體部分的損傷會在那一輩子就結束掉，並不會延續到下一世。但若是前世的靈體損傷而未來得及恢復的話，那就會影響下輩子了。而通常肉體損傷也會多少影響到靈體層面，就像身心互相影響那般，只是程度不一而已。」

最後，關於因果循環，我想問個比較實際的問題。

我問：「有這種結果，必定有其因，我相信大多數的世人也都認同因果的存在。

那我想問L老師一個尖銳的問題，依照因果定律，我打妳一拳造了惡因，日後妳便對我報復來實現這個惡果。但妳這個報復對我來說又是一個惡因，我又會再找妳報仇。也就是所謂的因果循環，冤冤相報何時了。那我們究竟要怎樣跳脫或減緩這種惡性因果循環呢？」

L老師說：「這個問題問得很好，而這也是我們在凡間的重大考驗之一，其關鍵就在於轉念。你可以靜下來想想，在惡果發生的當下，其實你是有決定權去處理這個因果循環的。若是以牙還牙，那很有可能就是惡性循環。只有透過智慧和慈悲心去改變你對事情的態度，才能結束掉這惡因惡果，也同時提升自己的修為和心性。」

聽完之後，我覺得很有道理。只可惜轉念對一般人來說，好像也不是件太容易的事。

宿命與天命

所謂的命，是上天註定好的，還是完全操之在己不受任何看不見的因素影響呢？

而常聽到宗教界人士說什麼「你有帶天命，不修不行。」那真的有天命這種東西嗎？以下我們便來討論。

我問：「L老師我想請問妳，就妳看來，世人的命運究竟有幾成是『命中註定』的呢？」

L老師回答：「就我的觀察來看，有九成之多。」

我很驚訝的表示：「我無法接受，這也太誇張了吧！那是不是可以說，假如我命中註定可以成為總統或大老闆，是不是幾乎不用努力就能成功呢？」

L老師回答：「話並不是這樣說的。先天註定好的部分包括個性、資質、環境、機遇、前世因果等太多因素，所以天生有老闆命的，這輩子自然也會很努力上進，以達成它的目標。也因此，人類才會有所謂的算命和占卜術，因為命運確實可以推算。而命運為什麼還會改變呢？這往往就是那剩下的一成後天因素影響九成註定好的命格。其中也包括我剛剛提到的，當下意念的改變。關於這部分，你可以看看袁了凡的例子，這便是個真實的典範。」

聽完L老師的解說，我明白多了。後天的因素雖然只佔一成，卻可能是改變整個命格和轉運的契機。

我問：「那每個人都有天命在嗎？」

L老師回答：「每個人活在這世上，都有其意義是沒錯的，但卻不盡然每個人都有天命在。也許有些人認為每個人都有天命，但我對天命的定義比較嚴謹，認為上天特別交代命令和任務的那種才算。」

我問：「現在坊間有很多神棍常藉這種說『你有帶天命』的方式來騙取信徒的心和財物。那又如何知道自己是否帶天命呢？」

L老師回答：「天命會先存放在你的靈體記憶裡，或者說是潛意識中。等到哪天時機成熟了，你便會遇到真正的人來指引或是自行了悟使命。所以是否帶天命不是別人說了算，是你自己會有所感應和領悟。此外，照著天命去走，一路上不但會得到許多無形助力，而未來靈體回歸後也能對天界交差。」

我問：「可是有些人即使知道了，因為後天環境的影響，也未必會照著去做。那要是背離天命將會如何呢？」

L老師回答：「背離天命是很糟糕的事情，人生將會因此變得崎嶇或坎坷。像是莫名其妙大病一場、仕途屢屢不順，或是親朋好友出事情等，這些都可能是背離天命所帶來的後果。而若是反其道而行去做壞事，那將會得到更大的報應和處罰。總之，天命，簡單來說，就是除了人在凡間的學習和修行外，天界額外交給你的任務。」

天界與陰間

我問：「關於無形界的空間概念，首先我想要問，天堂與地獄，是否對應到東方的天界與陰間呢？」

L老師回答：「大致上是這樣，彼此間某種程度上是互通的，但無論天堂還是地獄，都只是個大概念，之下還有層級之分。」

我問：「那先聊聊地獄好了。地獄有十八層的說法對華人來就像是常識一樣，幾乎無人不曉，那這個說法是真的嗎？」

L老師回答：「以前曾經是，但現在不是了。」

我有點驚訝的接著問：「這話什麼意思呢？」

L老師回答：「就我所知，地獄不只十八層，這幾年還蓋到了二十二層。」

我張大了嘴巴：「哇！怎麼會這樣，這也太嚇人了吧！」

L老師回答：「現在人的物質生活雖然是進步了，但人心卻是比以前更加墮落和邪惡。『世風日下，人心不古』這句名言可不是假的。非但如此，我還聽說二十二層還不夠用。我認為，照現在人心墮落速度來看，地獄一定會往下繼續蓋的。」

沒想到地獄也會有空間不夠的情況，看來現代人真的不能再墮落下去，要好好充實及提升自己的心靈和道德層次才行啊！

換個輕鬆心情，那天堂的樣貌又是如何呢？這也許是大家更想知道的話題。

我問：「L老師，我知道妳常跑天界。那我想請問妳，天堂的樣貌在妳眼中是如何呈現的呢？」

L老師回答：「我必須先建立一個觀念，天界並非只有一個層次，到了天界之後還有境界之分，像是道家所區分的太極天、大羅天、無極天界等。依照靈性修為的境界高低來區分，所待的天界就會有所不同。而我在接下來所指的是凡間宗教多數所定義的天堂，而這層天就境界來說差不多落在中間的等級。就氛圍而言，和陰間那種哀傷痛苦的氣氛截然不同，是很輕鬆自在而無拘束的。此外，在天界的人事及一切，總充滿了善、愛、幸福及光芒。所以我喜歡回到天界，而不喜歡到陰間去辦事。」

我問：「那天堂真的是在雲端上的國度嗎？」

L老師回答：「不完全是，就我的觀察，回到天界後靈體會飄浮著，而且距離雲端有一段距離在。在這裡往下可以看見人間的動態，也可以看到其他星球。」

我問：「那妳在天界都是怎樣移動的呢？」

L老師回答：「在天界移動只需要靠意念而不必靠雙腳。只要念頭一動很快就會到達你想要去的目的地。」

我問：「可以請L老師多描述點在天界的感覺嗎？」

L老師回答：「在天界或天堂中是幾乎沒有痛苦的，連人在凡間的知覺和物質慾望也都不會有，相當暢快舒服。所以你拿一道佳餚放在我面前，我也不會特別想吃，因為靈性的充實使我不會對這些物質產生慾望。」

聽起來真不錯，看來經濟學上「人類總是無窮慾望」的這個問題並不會出現在天界，因為在天界不但沒有物質，連慾望也將變得很低。

我問：「最後我想請教一下，除了天界與陰間外，是否還存在著其他無形空間呢？」

L老師回答：「無形界確實相當遼闊，光天界就有好幾層。此外不同性質的空間，隨便列舉就有魔界、妖界、精靈界等，其中包括外星人也是在另一個空間存在，但這並非人類現今科技所能觀察到的，人類所處的物質世界只不過是上帝創造出的其中一個空間。」

原來除了陰間、天界、人間外，還有其他空間的存在，真是讓我感到驚奇。其實，天文物理學家早就有這方面的理論和推測，只是今天聽L老師這樣說，更讓我覺得人類的渺小，而宇宙是如此的遼闊和多樣。

無形界成員

上一段講的是無形界的空間，接著我們便來討論無形界的成員，並瞭解祂們在那看不見的空間究竟是怎樣的存在。而從以前到現在，我一直很想釐清玉皇大帝和上帝是否為同一神，藉此機會剛好請教L老師。

我問：「請問L老師，道教所說的玉皇大帝，和西方所說的上帝是同樣的意涵嗎？」

L老師回答：「我很確定是不同的，因為在我靈體記憶中，曾分別遇見過上帝和玉皇大帝。」

聽到這個回答我很驚訝，心中馬上浮出另一個疑問，那究竟是誰的地位高呢？

L老師繼續說：「西方世界或是伊斯蘭教所說的上帝，是那個至高無上，獨一無二，並創造宇宙萬物萬象的造物主，無論是神魔還是人鬼都是由祂所蘊生出的！而西方的上帝對應到東方道教便是所謂的道，對應到一貫道則是明明上帝，而印度教也有相對應的概念，關於這一點，你可以去查閱各大宗教典籍。我們再說玉帝，玉皇大帝是一個職位，由諸神佛輪流擔任，其地位為整個天界的共主，或者說是天界決策之最後定奪者，有點類似總統的概念。因此，就空間和層次而論，玉帝這職位是低於上帝這個創造宇宙萬物和規律並做為至高主宰者角色的。」

原來上帝和玉帝之間的關係是這麼一回事，真是有意思！

我說：「我還真是好奇那位創造萬物的上帝究竟長得什麼樣子，我可以請L老師分享妳和上帝相遇的經驗嗎？」

L老師繼續說：「在我的靈體記憶中，我記得大概在天界遇過上帝七次。上帝就外觀看來，是一個龐大且能量超強的光體，可是光體散發出的巨大光芒卻不會讓人感到畏懼，反倒是十分溫暖，有如冬陽灑在身上。而上帝是很慈祥的，在你貼近祂時，所有痛苦和憂愁都會瞬間消失得無影無蹤，並讓人很想就此融入其中。此外，若是在你心中有所困惑，不須言語，祂會明白一切，並且給你明確的指引。」

我問：「那妳曾問過上帝什麼問題呢？」

L老師說：「像那時在我心中就有一個大家可能也有的疑惑，那就是外星人是否也是上帝所創造的，上帝給我肯定的答案。此外我還問祂當我下凡間時要如何去面對，在凡間是否會有老師帶領我……等，祂都一一解惑。」

聽到這裡還真讓我感到新奇，我想，要是L老師說的都是真實的，那麼基督教徒對上帝的讚美，也就合情合理了。此外我也希望哪天有機會也能夠遇見上帝，首先我要向祂請教，以我們人類現今的科技能力，究竟已拼好幾成的「真理拼圖」？我們人類所處的物質空間又佔了上帝所創造出來的大世界幾分之幾呢？上帝創造人的意義究竟何在……我想我有太多問題想問了！

接下來，又讓我想起另一個存在很久的疑惑，那就是魔和鬼究竟是同一概念，還是應該分開來看呢？

我問：「L老師方才提到魔界的存在，那接著我想請教，魔和鬼究竟差在哪兒呢？常聽人家把魔鬼並稱，所以祂們同樣都是壞東西嗎？」

L老師回答：「這差別可就大了！鬼不一定會害人，大多數的情況下祂們並不會刻意干擾人類，有時甚至還會出現幫助人的好鬼。此外，鬼通常以魂的方式呈現，所以思考是簡單直線的，無法擁有複雜思考或情感，我們常用的『鬼魂』這詞便是這樣來的。相較於鬼魂，魔是靈體而非魂，具有智慧和思考能力。不但可以增強自己的能力，還可以透過各種手段來控制人心。所以人間的善惡對抗，邪惡的那一極指的並不是鬼，而是魔。人和鬼在中間做抉擇，要從善還是墮落就全憑一心了。」

原來鬼和魔是兩種不同東西，看來以後我不能再把祂們給混淆在一起啊！

我繼續問：「那在L老師的眼中，鬼究竟長的是什麼樣子呢？真的沒有腳，穿白衣，四處亂飄嗎？請和我們分享。」

L老師回答：「鬼有腳，只是看起來比較模糊。這可能是因為祂們比較輕，常飄浮移動，所以才會讓人們誤會祂們沒腳。祂們也不一定穿白衣服，有的是生前的衣服，或是祂們喜歡的衣服。而鬼魂的雙眼看起來總是若有所思，眼球也不太會動，而且有點呆滯。」

我問：「繼續討論鬼的部分。想請教L老師，鬼魂有沒有可能具象呈現，就像電視劇或是卡通那般，讓我們單憑肉眼就看得見呢？」

L老師回答：「有，我曾經遇過幾次情況，不只是我看見鬼魂，連身旁的一般人也跟著看見。就舉兩個例子來說，一次是在我小時後，我和鄰居小朋友鬧著玩，他們不信鬼魂的存在。結果我問我的鬼朋友是否能具象化給大家看，沒想到這個鬼朋友居然答應了，就真的具象化給大家看，結果讓這些小孩想不信都不行。但是後來那位鬼朋友因此消失了好一陣子，我想是因為具象化耗去祂太多能量。另外一次是我和我的朋友騎機車經過北宜公路，才騎過宜蘭沒多久，我朋友忽然問我剛剛有沒有看到白色人影站在路旁。當下我以為只有我看得到，沒想到這次卻連一般人也看到，真是讓我有些驚訝。」

我問：「那在什麼情況下，鬼魂能夠具象化讓一般人也能夠看見呢？」

L老師回答：「這通常表示這個鬼魂有很大的冤屈以及執念在，導致能量強到足以從無形暫時轉成有形來呈現在物質世界中。目的是要讓每個過路人都能看見，並幫助祂們解除冤屈。所以我小時候的那位鬼朋友應該算是特例，因為祂並沒有強烈執念在，而具象化到物質世界對鬼來說是很耗能量的。」

我繼續問：「關於眾神明的部分，祂們有固定形貌嗎？」

L老師回答：「神明們是很高等的靈體，有時候祂們會用光體形式來呈現，讓人們很難看祂們真正的面貌。此外，因為文化和風俗的不同，祂們也會透過不同面貌來呈現在凡人面前。不過基本上神明的靈體都是具有很飽滿而強大的靈光，所以無論東、西方，神明後面總是呈現一片光明。」

我問：「那在天界除了神明和天兵天將外，是否存在的一般老百姓呢？」

L老師回答：「可以算是有吧！但基本上靈體只要能夠上天界，就多少會有個小職位和工作，這是種榮耀呢！」

正當要結束我們的對話時，我忽然想起那部最為經典，同時也是我最愛的國產遊戲——軒轅劍參。這部遊戲的故事設定相當的絕妙，背景是在公元八世紀，從西到東橫跨了法蘭克王國、教廷、阿拉伯帝國、西域諸國到大唐帝國。從上到下也涉入神、魔、鬼、精靈四界，並以「因果」來貫穿整個遊戲。主角前世為大魔王撒旦的摯友，共同起兵對抗天界，可惜最後失敗收場。而重新轉世後的主角，必須把自己和撒旦所造下的因果做個了結。這讓我最後想問，撒旦真的存在嗎？祂有這麼壞嗎？於是我請教了L老師。

L老師回答：「嗯……就我所知，確實是有撒旦這麼一個魔王存在。其實祂原本是天界一位能力很強的天使，後來因為做錯事而被上帝安排去做魔頭的角色。這不只是對撒旦的考驗，也是在考驗凡間的人們，所以祂也算是領有重要天命的角色。」聽L老師這麼一說，我稍稍露出興奮的表情，因為這和我玩的那部遊戲劇情還挺相像的。

我繼續問：「那撒旦真的存在於地獄嗎？」

L老師回答：「不是，祂在其他空間，可以說是魔界的主宰者之一。人只要有一點歹念，祂就能夠影響你，讓人們更加墮落。而魔界的成員以見到別人痛苦和墮落為成就，並樂此不疲。」

我問：「那上帝為什麼要讓祂來影響人們去從惡呢？」

L老師回答：「凡間一定要有考驗在，否則無法試驗出一個人是好是壞，凡間做為靈體的考場也就失去意義了。而除了撒旦以外，阿修羅也是類似這種天命和角色。可是近年來，天界和這些魔王發現到，原本只是要試煉人們的心而已，可是人們自己卻更加墮落和邪惡，遠超乎無形界的想像。而這也正好呼應之前我提到，地獄不斷加蓋的原因。」

看來，就大部分的宗教教義而言，都認為人最後應該要回到天界，回到那個宇宙最原始之處或是上帝的懷抱。而凡間不過是個暫時停留的地方，是試煉靈性的考場。

L老師這樣的說法也給了我一些啟發，那就是我從小一直不明白上帝造人為何要有善惡之分，讓一切都是善良的不就好了嗎？而既然上帝是全知全能的，又為何不把這些邪惡給一舉收拾掉呢？這樣看來，魔的存在不過就是在於考驗人心，考驗靈性。仙佛菩薩們慈悲，可能只給凡間的人們出很簡單的考題，而且還有不斷重考的機會。而這些魔王的存在目的就是要扮演黑臉考官來出些難題，以此凸顯出真、善、美的崇高，並設下重返天界之門檻。

靈學VS經濟學

居然有人會想到把經濟學和靈學這兩門八竿子打不著的學問扯在一起，筆先生應該算得上是世上第一人吧！不過，我的目的並不是要跑出一門叫做「靈界經濟學」的新東西，所以在這裡不會去談什麼高深學理。我想做的，卻是我以為更有意義的事，那便是讓無形界的運作和現象試著透過經濟學的思維呈現於世人面前，以俾使世人更易理解其況，不再玄虛。而這也正是本書主軸，架起科學和靈學間的溝通橋樑。

經濟學，主要是在探討如何把人類社會有限的資源做出有效率的分配。筆先生在台大主修經濟學，所以很自然的決定先搬出好歹也念了四年的經濟學來和靈學「分庭抗禮」。以下，便將藉由市場、價格、供需、貨幣、生產體系等經濟學概念，試著看待與理解無形界的情況。不囉嗦，馬上開始我們的對話！

資源稀少性

人類世界處處存在著資源有限的問題，但人們卻有各自不同的需求，所以需要一種有效率的分配方式來解決這種「資源稀少性」的問題，經濟學遂醞釀而生。因此，經濟學最基本的假設就是建立在「資源有限的情況下」，若沒有這個大前提，經濟學也就玩不下去了，所以我們必須先釐清無形界是否也有類似的問題。

我問：「因為資源的稀少性，所以人類經濟社會的運作才得以用價格和供需原理來做解釋。那想請問L老師，無形界是否和人間一樣，同樣存在著資源稀少性的問題呢？」

L老師回答：「就大部分而言，是的。」

我繼續問：「可是，無形界不是非物質的存在嗎？那既然說無形界是形而上的存在，又怎麼有資源匱乏的問題呢？」

L老師回答：「無形界雖然是非物質的空間，但這只不過代表祂們是以另一種形式存在，比方說是能量，所以終歸是實存而非虛幻的。此外，就廣大的無形界而言，多數成員仍有慾望在，所以也得面臨無形的資源匱乏問題。」

才發問沒多久，我就發現到自己的想法太過狹隘，仍然會被物質的思維給框住。理由在於，經濟學的「稀少性」又沒有說只適用於物質層面。像是，我把時間和體力平均投入在各個學科而非單一科目上，以求總分最高，這便是經濟學中邊際效益的概念應用啊！而時間和體力卻都不是物質的存在。看來我連自己的本科都還不能弄得透徹，有些慚愧。

稍稍反省後，我便繼續問：「經濟學開宗明義就提到，雖然資源有限但人們的慾望卻總是無窮的。我想請問L老師，在凡間不用說當然是對物質慾望的追求，但到了無形界，還有什麼慾望可以追求呢？我想不同層次的各界情況也許有所差異，請L老師分開說明好了。」

L老師回答：「這問題問得好，我剛剛提到，就大部分的無形界而言，仍面臨經濟學所說的稀少性的問題，何以如此？仍歸咎於大部分的成員仍有慾望在。那究竟是什麼樣的慾望絆住祂們呢？接下來我大略從最低層次開始往上層說明。」

L老師思考了一會兒便繼續說道：「低層級的像是鬼魂，祂們不但會被人間的物質慾望給束縛住，而且對某些事物會有很深的執著在，所以祂們的樣貌呈現總是痛苦或是呆滯的。層次提高一點像是人類，現代人多追逐且執著於物質慾望，卻庸庸碌碌過完這輩子而無法了悟生命意義為何，不但不重視修養心性，也很少人懂得去提升靈體能量層次。層次再拉高一點，某些修道有成的人類，主要便是透過對整個靈體能量或是所謂的精氣神不斷提升，終得超脫世俗和輪迴。基本上祂們已跳脫物質慾望，卻仍有能量慾望，這便是道家所謂的仙，是天界的最低層次。最後，隨著天界的層級和境界不斷提高，其成員的能量慾望也會愈來愈少，到了某種境界，便純粹是以道德理想的實踐為內心所求，才算是超脫所謂的慾望，一般人口中的天堂便是這種境界。」

我聽了深有感觸，我想天界的神明們確實是心有所願，但並非物質的慾望。像是仙佛們可能想要修練自身來使靈性更加提升或是發願救助眾生。沒有慾望不等於沒有願望，要是真的一點兒想法都沒有，那可就真的是漫無目的的存在了。

我繼續問：「那陰間的鬼魂們為何也會被有形的物質慾望給綁住呢？」

L老師回答：「往生者若是在生前對有形世界的物質太過執著，便會產生這種狀況。通常這樣很不好，因為人死後魂魄散去，思考會變成單一直線狀態，而若是被這種慾望綁住，單一意念便會卡死在慾望上而不得超生，在凡間就變成遊魂或遊靈。就像我之前曾經遇過一個老先生，家人在他往生後進行招魂儀式，結果始終少了一魂而無法好走。後來一直尋找，才發現這個魂竟然卡在他生前最愛的飯館那不想離去，真讓人啼笑皆非。」

聽到這裡，我突然對佛教所講的四大皆空有些體會。看來這些凡間的有形物質終究是虛無的，因為它們的存在總是短暫而非永恆。而無論你這輩子賺取多少物質所有，在往生後就都得丟下，並不能帶走任何東西。只有靈才是永恆的。

此外，物質滿足後總會再被激發出更強烈的慾望，而且永無止盡，也就是經濟學所說的慾望無窮，這樣看來人終究無法在物質上得到永遠的滿足，即使你是世界首富。而要印證這些太簡單了，請去看看那些富豪有沒有真的比較幸福就可知一二。我想，真正的幸福感應該是建築在心靈層面上，如此才能長久，才能平穩恬淡，而也許真正的極樂世界就是個無物質慾望和執著的世界吧！

市場體制

從上一段的討論我們可以得知，原來部分的無形界也存在著資源稀少性的問題，而且不單單只是物質稀少性。其中，陰間可能更像人間，除了得面臨稀少性的問題之外，還必須被人間的物質慾望給綁住。接下來我們便試著以陰間為主來探討經濟學的第二步，關於市場體制的部分。

我問：「市場，是供需兩方發生交易的場所。想請問L老師，無形界是否存在著市場體制？而祂們的市場究竟是什麼樣子呢？」

L老師回答：「就我之前下過陰間的經驗，在介於陰間和人間的無形空間，有個專讓陽壽未盡的鬼魂暫時待的地方，那裡便有市場存在。祂們的市場和人間很相似，不但有市集而且很熱鬧。像是餐館、小攤販，甚至連夜市都有呢！」

我聽了有點錯愕，因為這跟想像中的陰間差太多，也太歡樂了吧！L老師的回答讓我腦中一次湧現許多問題。

我認為L老師在唬我，有點激動的說：「我不信！難道那些鬼魂可以和我們一樣吃飯、喝飲料，甚至是在夜市射飛鏢或賭香腸嗎？既然你都說無形界的事物都是非物質的存在，而鬼魂們也沒有肉體，所以既吃不飽也不需要吃飽，那這麼做又有何意義呢？」

L老師說：「你說得沒錯，祂們根本不需要吃飽。之所以會如此，是因為這些鬼魂們未達陽壽而進陰間，所以仍對人間的物質慾望有所記憶和習慣。再加上祂們的思考是直線單一的，所以會重複做些祂們曾經在凡間有過的生活習慣，甚至沒發現自己已往生。是故，像那些夜市、百貨公司和消費品都是虛的，並沒有任何實質意義在。」

我聽了恍然大悟，沒想到我又差點兒再次被人間的物質思維給框住。這樣看來，無形界的這個市場並不是人間所定義的市場，可以說是有市場之形，卻無市場之實。

我放下剛剛激動的情緒，笑著問：「不要告訴我，祂們也有電視和電腦，甚至還可以玩股票、買期貨？」

L老師說：「是啊，這些都有。但我還是強調，這些凡間事物的呈現，對於鬼魂真的一點實質意義都沒有，就只是在人間的形式和習慣罷了。而在這個空間的場景幾乎和人類世界同步更新，但都是虛的。」

我又問：「嗯，原本我以為往生者不是下地獄就是上天堂，看來陰間還存在其他區域。那這些遊魂不斷在那裡重複無意義的事，都不會覺得怪怪的嗎？」

結果，還沒等L老師回答我就自己先說了：「好吧！都說鬼魂的思考是單一直線的，而且容易被慾望給絆住，我怎麼還問這種傻問題呢？」

供需與價格

雖然在無形界似乎沒有凡間那般發達的市場，但既然也同樣面臨資源稀少性的難題，那我推測無形界應該也存在著某種實質需求才是。

我問：「那陰間的鬼魂們究竟有什麼真正的需求呢？比如說像我們人類每天需要水和食物才能活下去，所以會用勞動賺取而來的金錢來換取這些必需品。」

L老師回答：「當然是有的，但是和人間有所不同。祂們因為沒有肉身，所以不需要生活必需品。相對的，鬼魂們真正需要的是能量和知識來淨化自己的靈魂，讓自己比較不那麼痛苦。在知識方面，祂們都要去聽仙佛講道理和知識，用以淨化自己的靈性。不過這些事情還是在人間就開始學習會比較好，因為到了陰間還要和其他鬼魂擠位置，而且效果也沒有這麼好。」

我突然想到其他問題，所以很失禮的打斷L老師說話。

我問：「那些鬼魂在認真聽仙佛講道理時，會被鬼差帶去地獄審判嗎？」

L老師：「這是個好問題，祂們身上會掛一個無形的牌子以做識別，在聽課的當下不會被帶走或打擾。必須等到那位仙佛講完道理，才會被帶走。」

我心想，這是什麼鬼東西啊！怎麼有種和中華民國兵役制度很相似的感覺。在學可以緩徵，學籍消滅就馬上會被抓去當兵，讓我偷笑了起來。

L老師繼續說：「除了聞道外，鬼魂們也需要得到好能量來淨化自己的靈體，只是就像前面提到，祂們多數仍會被物質慾望給綁住，明明能量才是祂們真正需求，但祂們多數仍執著在物質上。另一方面，在天界雖然也是能量構成而非物質的存在概念，但天界成員內心真正所求卻並非能量，而是更高層次的東西，像是心性提升和道德理想的實踐等，而靈格的概念便是區別不同境界的指標。在此順便強調，能量，對大部分的天界成員來說，比較像是靈格提升後的獎勵品，並非本身所追求的目的。而能量對無形界成員的意義除了補充靈體所需外，也相當程度代表祂的力量，用以實踐理想的力量。」

我想了想，然後問：「可是L老師方才提到，在凡間的人們可以藉由修練自身能量而成仙，這便是道家所講求的功法。那麼，由人超脫輪迴之苦而成仙，不就相當於靈格提升嗎？那這樣是否可以推論，透過能量的增長而不用存好心行善積德，亦能提升靈性的境界？」

L老師回答：「這是好問題。這麼說吧！層次低的靈體，較能夠透過能量的提升來完成靈格或是靈性境界的提升，包括人類。但當你的層次提高到神仙以上，就很難再用增強能量來提升自己的靈格。這時必須於內修養心性，於外實踐道德理想來幫助芸芸眾生，才能夠繼續往上提升自己本靈的境界。」

我說：「我想我大概瞭解能量對於無形界的意義何在。那有什麼東西可以幫助無形界的成員們提升能量呢？」

L老師回答：「就有形界的物品來說，像是玉、瑪瑙、珍珠等貴重物品可以幫得上忙，因為這些物品通常挾帶著相當的磁場和能量，能夠影響無形界。」

我說：「祂們不是無形的嗎？怎麼這些有形的財貨還會對無形界產生影響呢？」

L老師說：「這一類具有能量和磁場的物品，之所以在物質世界有效力，比方說生活中常見的水晶或是寶石，有些能招財，有些能避邪，有些能讓一個人精神較為飽滿，其原由便是這些物品本身具有的能量場能夠對無形空間產生影響，也因而連帶影響到物質世界。而它們在無形界也以另外一種能量形式存在並影響著。所以，重點不是它的形質，而是這些物品本身所攜帶的能量，無形界的成員們需要這些能量來補充或是淨化自己的靈。」

聽到這裡，我恍然大悟。原來，凡間的人們追求物質享受，用以滿足肉體衍生出的物質慾望。而對無形界的成員來說，既然已經沒有肉體，那物質對祂們來說也沒有什麼實際意義在。相對的，能量可以算是無形界成員們的一種需求品，用以滿足靈體所需。所以，在人間，物質慾望對應肉體；在大部分的無形界，能量需求對應靈體，而無形界的需求面也就因應而生了。

而雖然沒有市場，但既然應對於凡間的物質需求，無形界成員也有對能量的需求，那照道理推測，無形界也應該存在著某種能量交換行為才對！

我問：「雖然沒有凡間那般發達的市場制度，但既然存在著需求，那我想無形界應該也存在著供需兩方的交易行為吧？」

L老師回答：「的確是有的，但是不如凡間頻繁，因為祂們根本不太需要透過交易來滿足慾望，在天界主要是透過直接交換來達成交易。」

我接著問：「那請問在靈界中是否存在著價格的概念？比方說某些東西比較稀有或有用，所以比較昂貴，需付出更多代價來換。」

L老師回答：「是的。像是具有強大能量和磁場的那些貴重物品，就有它的價值在，而能量愈高的物品也就愈難取得。」

我繼續問：「那除了一對一的交易外，還有什麼方法能夠『買』到那些具有稀少性的正面能量來滿足靈體需求呢？」

L老師回答：「當然不像我們人能夠直接用錢來買賣物品，因為無形界並沒有貨幣的概念。應該這麼說吧！你所做的功德，就某種程度而言，能夠用來轉換成這些正面能量，但這一般只適用在層級較低的無形界，到了層級高的無形界，連對能量的慾望都會消失，也就不用透過這個轉換了。」

我說：「說到這裡，我有個尖銳的問題想請問L老師。所以即使是天界成員，仍有以追求能量為目的，才去行善積德來轉換的情況囉？」

L老師回答：「也許凡間有些大善人是以這個心態在做善事，但就我在天界的印象中，大家幾乎都有各自的道德理想在，是真正發自內心為了救助凡間的苦難眾生而去行善的。不過，還是有少數修為不夠的神仙例外。所以我還是再度強調，即使天界有能量稀少性的問題，但並不代表天界成員有等同於凡人物質慾望的能量慾望，祂們追求的主要還是心性修為和救助眾生的大願。能量頂多是實踐目標所需的東西。」

我在內心反思，確實，為了博取名聲或什麼利益而去行善和默默發自內心行善，雖然結果可能相同，但兩者畢竟在心態層次上是有相當差別和境界的。

我繼續問：「那在背後供給能量的那個大賣方究竟是何方神聖呢？」

L老師回答：「我知道在無形界行善積德，會得到這些能量做為獎勵，但你所謂供給能量的那個賣方我並不清楚是誰。附帶一提，仙佛有時候也會賜些能量給那些做好事的鬼魂來淨化靈體。」

我好奇的問：「變成鬼之後還可以做功德啊？」

L老師回答：「當然可以，所以我說阿飄不一定是壞的，也有很多助人向善的好鬼喔！雖然祂們是無形的，但祂們可以透過無形能量和意念來去影響凡人向善。一般人總是把鬼魂和害人的印象掛在一起，是錯誤的想像。」

整體而言，無形界也存在著稀少性，並由此衍生出另一種形式的供需概念。而有別於物質慾望在凡間經濟體中扮演的要角，換成了能量，但能量需求在靈性層次較低的無形界也許行得通，可以用我們的經濟學去看待。但在高層次的天界因為幾乎沒有慾望，經濟學也就比較難去套用了。

無形界貨幣

貨幣，簡單來說就是具有普遍接受、交易媒介、可分割、可儲藏等性質以方便人們用來做交易的東西。在人類文明起源時，主要是以物物交換為主，或者是用一些貝類和金屬來做交易，但相當不方便。而在我們現在所處的年代，已經進步到用紙鈔或錢幣來做交易，大幅降低了交易成本，使經濟社會運作便捷。那麼，無形界的貨幣究竟是什麼呢？難道真的是紙錢嗎？

在提問之前，我早就對燒紙錢這種習俗頗有微詞。我想我隨便就可以舉出燒紙錢的不合理，比如說污染空氣和環境、不具有普世性（世界上只有華人特別是台灣人愛燒紙錢）以及道德層次上的問題。但關於這些，我打算留到後頭再以專文探討，在這裡我想先用經濟學來檢視燒紙錢的意義。

我問：「L老師我想請教妳，在無形界是如何進行交易呢？難道真的是用紙錢嗎？」

L老師明快的回答：「當然不是。」

就經濟學來看，我之前可是一直想，人們一直燒紙錢難道不會造成陰間的通貨膨脹嗎？而又為何陰間或天界沒有自己的央行，必須受制於人間的紙錢呢？聽到L老師這句話倒讓我稍微放心些，看來我不用去琢磨麻煩的貨幣問題。

L老師繼續說：「燒紙錢只是在形式上具有安慰人的作用，對無形界來說，根本毫無實際意義。其實現在已經有很多仙佛師尊開始提倡不要燒紙錢了。」

我問：「那以前是否曾有過那麼一段時間燒紙錢是有作用的，而紙錢便是無形界的貨幣呢？」

L老師回答：「並沒有，就我所知紙錢從來都沒有效力過。所以我傾向把祇錢歸類於自古流傳下來的習俗，而非買通無形界的貨幣。只不過，既然是祖先傳下來的習俗，做為後代子孫的我們就算認識到紙錢不環保也無效力，卻也不是這麼容易就能拋棄這個傳承千年的習俗。」

我再次確認的問：「這麼說來，燒紙賓士和豪宅給過世的親人也沒用囉？」

L老師說：「是的，大不了就只是一種給在世者的安慰效果，讓這些親朋好友覺得往生者東西都帶齊了，可以安心上路罷了。」

我問：「另外，我看過一位學生通靈人曾出書寫道，說在人們燒紙錢時，他常會見到一旁的阿飄會聚在金爐旁吸食這些燒掉的紙錢，這是真的嗎？」

L老師回答：「這是真的，我也常看到。」

我繼續問：「既然燒紙錢毫無意義，那這些阿飄又為何要靠近金爐吸食紙錢呢？」

L老師回答：「因為鬼魂們並不知道這些東西沒有用，而會單純認為這是燒給祂們的，因此祂們要去接收這些『財物』。此外，這些阿飄通常在生前已有燒紙錢的觀念和習慣在，而且對於金錢也比較執著些，所以才會如此。」

我問：「L老師之前曾說過，無形界不是予取予求，也不是憑空就能生出一切。那麼現在妳說紙錢沒有貨幣的效力在，那在無形界的供需體系中，究竟是否存在著類似貨幣功能的交易媒介呢？」

L老師思考了幾分鐘，然後說：「嗯……勉強要說的話，我倒是覺得功德比較像是經濟學所說的貨幣概念。高階的神明會根據你所積的功德來賜予你東西，比如說那些具有能量的物品做為獎勵，而這些能量即為靈體所需，就像我們凡間的消費財。不過我還是要強調，發自內心去行善積德，才是正確心態，而不是以利益為目的去做善事。另外還有一種形式，但這個我就比較難解釋了，無形界會透過一種很像疏文的東西，來換取聽仙佛講道理或是買通關以交代陽間的後代幫忙完成往生者的遺志。」

後半部分果真讓我聽得一頭霧水。不過用功德暫時做為一種具有購買力的無形貨幣，可轉換為淨化和補充靈體的能量，我還算能接受，因為這就是所謂的善有善報嘛！唯一瑕疵是，這樣比喻會把行善的層次大大拉低，所以必須強調這只適用於境界或層次較低的無形界，並且不該抱持這種功利目的才去行善。此外，用功德和能量的概念下去看待那「大部分的無形界」，不但沒有紙錢可能引發的通貨膨脹問題，也不需要中央銀行來調控貨幣供給了。（笑）

生產體系

接下來我們要來討論，無形界的生產體系會是什麼樣子呢？

我問：「L老師，在無形界中，有人在負責生產產品嗎？還是因為是無形的，所以想要什麼，東西就會自己憑空變出呢？」

L老師回答：「無形界並不會像卡通那樣能憑空變出東西來，還是需要用能量去生產的。這樣說你可能更疑惑，我舉些例子吧！就像太上老君煉丹、蟠桃樹能夠開花結果都是需要時間和能量的。總之，雖說天界是無形界，但仍是一種實存，只不過是超越物質層次的存在。所以說，即使能量的概念雖然較道德理想層次來得低，但在無形界做事，很多時候還是得派上用場的。此外，在天界也有專門的部門來負責這一塊事務。」

我回答：「喔，還好不是無中生有，不然就太不合理了。」

接著，既然談到生產，那就讓我聯想到生產要素，其中之一便是勞動力。

我問：「L老師，那無形界的成員們需要工作嗎？」

L老師說：「鬼魂們在無形界主要是在等待審判或是被意念綁住，重複做無意義的動作，所以基本上沒什麼工作需要做。但天界的仙佛就各有各的使命和職責要去完成和處理各自的任務。」

我接著問：「那麼天界有建設的概念嗎？比如說發包工程去修理南天門之類的。」

L老師回答：「是有的，不過過程我並沒有實際參與，所以沒什麼印象。我只知道每隔一段時間再回天界瞧瞧，祂們便會修改或是增設一些東西。」

我接著問：「那建造那些東西需要預算嗎？天界是否有財政的概念呢？」

L老師回答：「既然不是憑空生出的，那也就需要成本，就是你說的預算。不過這預算並非人類金錢或物質的概念。而是受命執行者必需要在三界累積足夠功德才能夠接下這個任務，並且去執行。」

Ｌ老師的回答讓我想不太通，她的意思是說執行公務要多積德才有資格和能力去做，可是上一段又提到，功德具有類似無形界貨幣的性質，那這樣的情況豈不是花自己的錢來工作嗎？完全不合理。

我繼續問：「那執行公務者在完成任務究竟會得到什麼獎賞或好處呢？我想沒有任何誘因的話，不會有『神』想做吧？」

Ｌ老師義正詞嚴地回答：「我想對大部分的天界層級來說，用誘因這種世俗概念是比較難去說明的。因為對天界成員來說，能為天界和眾生執行任務，本身就是一種使命和榮耀，基本上有德有能者都會主動站出來服務的。此外，天界也會給予你付出所應得的報酬，像是贈送一些寶物來做為獎勵，比方說一些奇珍異果或法寶，但這些都是次要的。而若是你對天界有卓著貢獻，位階可能提升，像是由仙尊晉升成為菩薩等。」

Ｌ老師說得沒錯，要把經濟學完全套在層次較高的天界確實太過強求，我硬是要把經濟學套上去的結果，就是又把天堂給世俗化了，真是不應該，畢竟經濟學本來就是用來解釋凡間人們生活的學問嘛！

在此小結一下，經濟學提到，人們透過要素市場提供自己的勞力以換取薪資，再用這些勞動所得去商品市場購買自己需要的東西。我想就層次較低的無形界而言（有所慾望，經濟學才能夠發揮），其實做善事在某種程度上也可以看作是無形界成員的勞動投入吧！而承接上一節並發揮想像力，我們最後可以畫出層次較低的無形界經濟循環流程圖，那就是透過做善事或完成任務（勞動）做為功德（貨幣或薪資），並再兌換成無形成員所需要補充的能量（消費品）來淨化和滿足靈性所需（效用）。看來無形界的經濟學，也不是這麼難理解的。

公共經濟議題

研究政府經濟行為及影響，並探討如何使全體社會福利極大化，便是財政學的宗旨。在最後一節中，我打算用財政學所涉及的概念來探討天界的公共經濟究竟是如何運作的。只是沒想到，一開始就踢到大鐵板……

我問：「租稅是政府的收入，是公共支出的來源，更是財政學的一大探討核心。想請問L老師，天界人民是否也對天庭有納稅的義務呢？」

L老師回答：「沒有耶。天界的人民不須納稅，也沒有什麼租稅制度。」

筆先生聽了之後一半羨慕，一半灰心。羨慕之處在於，天界果真是個美好國度，居然可以不用繳稅，真輕鬆啊！灰心的地方在於，正因為天界沒有租稅的概念，財政學有一大半就不能玩了。就在我猶豫是否寫這段時，一位經研所的同學建議我可以朝公共經濟學的方向去思考。而在既定印象中，我一直以為公共經濟學和財政學只是名稱不同而內容是相同的，後來才發現公共經濟學所涉及的租稅理論大幅減少，頂多是帶過而已，而更強調政府的政策運作面及公共選擇。於是，一拍正合！筆先生接下來就用公共經濟學的概念來試著描述天界的公家經濟，像是公共財、外部性、公部門效率低下以及資源錯置等問題來探討。

首先我問：「請問L老師，就天界的經濟體系而言，是否也同時具備公有財和私有財的概念呢？」

L老師回答：「是的。專屬於你個人的能量和寶物，是私有財。而像是天庭內的擺設和建設，便是天界的公有財。」

因為公有財並不屬於任何個人所有，所以在凡間，常因此特性而被私人過度耗竭或開採，因而釀成所謂的「公有財悲劇」。這也造就了公有財必須由政府提供，並由政府保護的性質。那麼，天界的成員是否有私心而會不顧大眾整體利益而去佔有公共財呢？

我問：「請問L老師，天界的人民會有私下佔有公有財的行為嗎？比方說偷偷摘個蟠桃回家享用之類的。」

L老師回答：「曾發生過類似的案例，當時是某人覬覦天界某樣公有的寶物，遂起了貪念，想佔為己有。但是那個人後來沒有成功，因為終究還是逃不過良心的譴責而自行送還。畢竟這種事情在天界很少發生，因為在天界的成員，心裡總是會想到他人，私心是看很淡的，並對自己有很高的道德要求。」

我聽了有些感慨。我想，要是凡間的人也能有這種無私的精神，在想到自己的同時也能考慮到別人的福祉。如此不但可以使政府的管理成本大幅下降，進而還能擴大整體社會福利。那可真是太美妙了！

接著回到天界無租稅的難題。我想，在凡間要是沒租稅，政府必然馬上垮台，當然更別談什麼公共建設了。只是天界又存在著公有財的概念，那究竟是誰提供的呢？

我問：「既然存在著公有財，但卻沒有租稅的概念，那想必天庭的公共收入應該有其他來源以應付公共支出吧？」

L老師回答：「我之前提到，涉及無形界成員福利的關鍵不是稅收或實物，勉強說起來是能量。於此，有些能力和境界較高的神尊會自願性地提供多餘的能量或法寶交予天庭，做為公共支出之用。這有點像凡間善心人士自行捐款來造橋舖路的概念。」

我心想，看來天界到處充滿這種凡間少見的善心人士，願意奉獻自己多餘的好處來和大家分享，著實是個「我為人人，人人為我」的理想國啊！難怪不用稅收和政府的嚴格管理，也能擁有公有財，並達成更好的經濟模式。

我繼續問：「那些天界成員自願性地提供自己能量來幫助公家建設，那請問這些仙佛少了能量不會傷害到自己嗎？」

L老師說：「基本上祂們能夠撥出額外能量給公家，代表祂們本身也能自足而無虞，而且與道德理想的實踐相比，能量是看輕多了。這和凡間人們那種錢是多多益善，即便成了億萬富翁也不太願意分享和回饋社會的心態是大不同的！天界的成員更樂於分享。」

有了公共收入和公有財的概念後，我們接著想來看天庭究竟是如何有效去運用這筆公家資源。不知是否會像凡間那樣，也有公部門沒效率甚至是政策目光短淺的弊病在呢？

我問：「請問L老師，就妳之前在天界的經驗和觀察，祂們的公家部門是否也存在著沒效率，或是經常出現資源錯置的狀況呢？」

L老師回答：「就我的觀點而言，天界的公部門運作偶爾也會有不效率的狀況，但那種頻率遠比人間來得小，基本上大家都是很用心在做事的。我在這裡就舉個我遇過的例子好了，像是好久以前天庭曾經要建造一座花園，只是事前未經周延的評估，以致於蓋好了卻又不滿意，因此拆掉又蓋，造成資源浪費，主事者也因此被處分。但這種資源錯置的情況比起凡間的公家機關而言，畢竟是罕見的。」

我接著問：「凡間的政府常因為選舉壓力、派系利益或執政團隊能力不足，而常常做出目光淺短的政策，小則浪費人民血汗錢，大則禍國殃民。想請問天界是否也會如此呢？」

L老師回答：「基本上凡間會有這些問題，仍歸咎於凡人的私心過重。天界的主政者不但沒有什麼私心，能力又強，而且祂們一個重大決策往往要考量十分周言才會通過執行。是故，目光短淺的政策在天界也是很罕見的。」

我仰望遙遠的天空，繼續問：「在人間大多數的國家，由議會來審查公共預算的編列，並且擁有監督之職權。那請問在天界是否有類似的政府機能呢？」

L老師回答：「有，而且編列和審查公共預算者分屬不同部門，基本上由佛祖等級的神明來負責。在審查完畢確認可行後，最後由玉皇大帝頒布命令，交由負責的仙佛去執行政策。」

我問：「好的，接著想請問L老師，天界的財政運作，是以量入為出還是量出為入的概念為主呢？而是否也如同寶島台灣，常常得面臨財政赤字的窘境呢？」

L老師想了一下，然後回答：「基本上天界是以仙佛捐獻多少能量，就用多少能量做為公家支出。因為祂們在資源使用上相當有效率，所以不同於人間，祂們的財政運作都是盈餘居多，所以很少會有赤字的狀況發生。」

接下來，我們要來討論公共經濟學的另一個重要概念—外部效果。外部效果是指個人行為所產生的影響不單單只有個人承擔，卻連旁邊的人也受其影響，因而使得經濟福利未能達到最適狀態。而由個人行為產生良好外部效果，比方說若旅美投手王建民得到勝投王的殊榮也讓身為台灣人的我們感到與有榮焉，便是外部利益，政府應該加以鼓勵。而工廠製造廢水和噪音使居民不堪其擾，便是外部成本，政府必須管制工廠排放量才能使社會福利提升。

我問：「請問天界也有公害的問題嗎？」

L老師回答：「其實我發現你說的什麼經濟學的外部效果，也和個人的私心息息相關。若是一個人不要太過自私，在做出行為前能夠想到是否影響到他人，那這些扭曲經濟的問題也將不復存在了。比起凡間，天界人民的私心淡很多，但並非完全消失的，所以還是曾經出現你所說的公害問題。」

天哪，我發現L老師的經濟senese也不錯，沒學過經濟學的她，竟然第一次聽聞就能一眼看出產生公害的問題根源。

我不服輸地說：「那好，請問祂們如何解決外部效果的問題呢？」

L老師回答：「對於整體天界有貢獻的行為，也就是你說的外部效益，會有高等的仙佛賞賜並予以鼓勵。而對於私人產生的外部成本，大家會加以協調，因為對道德的重視，當事人也容易懺悔和修正自己行為。」

我心想：「經濟學著名的寇斯定理是在說，在交易成本為零的情況下，整體社會能透過彼此協調來使外部性自然消除，並恢復到整體社會福利最佳狀態。這麼說來，經濟學上著名的寇斯定理在天界還真有可能成真。而關鍵除了在天界的交通以及溝通成本極低外，還有就是天界成員為他人著想，並時時反省自己行為是否合乎道德的那顆心啊！」

最後筆先生想談談社會福利的議題來畫下句點。

我問：「在人類社會或是歷史上，常因為貧富不均的問題，而導致社會激烈衝突甚至是改朝換代。我想請問L老師，把凡間物質所有的不均等，轉換成天界能量修為的不對等，請問天界是否也存在著貧富不均的社會問題呢？」

L老師笑笑的回答：「是沒有這種情況的。在天界的人民很幸福，基本上大家都是逍遙自在，而慾望和貪念幾乎是不存在的。所以天界的政府也不需要考量什麼社會福利問題。」

我鬆了一口氣：「那很好。看來我也不用去想什麼弱勢族群或是社會福利政策如何制訂等問題了！」

靈學VS政治學

政治學，是一門研究如何管理眾人之事的學問，主要是在探討社會權力的分配。我們在上一個章節提到，天界如同凡間，同時並存著公與私的概念。而既然天界也有「公家」的概念，相信我們的政治學多少能夠派上些用場。所以，接著便讓我們試著把研究對象從凡人換成無形界的眾神，並從人間把鏡頭拉到天界，來看看天界究竟是怎樣的一個政治社會結構？以下便以L老師的親身見聞以及祂向老師們請教的結果來和大家分享。

天界的民主

在我們開始探討天界的政治運作時，首先從筆先生腦中蹦出的問題便是「天界究竟是採行專制還是民主呢？」會這樣聯想，是因為在中國人的信仰觀中有玉皇大帝統領著天界，而在基督教和伊斯蘭世界也有至高無上的上帝主宰萬物。而無論上帝也好，玉帝也罷，這麼聽起來，所謂的天堂或天界似乎不太民主耶？但回頭我又想，天界的政治體制和成員素質應該不比人間還落後才對啊！這難道意味著民主並不是普世價值，不是崇高的政治理想，所以天界不採行這一套呢？

我問：「L老師，我第一個問題就想問妳，究竟在諸神的天界中，政府體制是採行民主或是專制獨裁呢？為何天界給我的既定印象好像是專制的感覺呢？」

L老師回答：「這問題挺有趣的，天界雖然確實存在著玉皇大帝，但這並不代表祂們就是採行所謂的獨裁政治體制。其實祂們絕大多數是不折不扣的民主政治，並有著進步且安詳的民主社會。」

L老師的話中似乎埋有伏筆，怎麼會說是絕大多數呢？

L老師見到我疑惑的表情，便說：「我之前提到，天界只是一個總括的概念，在這之中還有依層次和境界分成不同天。而就我去過的不同層天界而言，幾乎都是民主政治，其中就只有某一層天是由單獨一位神明掌控所有權力。但那一層天是因為其特殊的歷史背景使然，而即使是獨裁，在天界也不會發生像人間那般權力使人腐化的窘境，我反而見到其下成員都很放心讓這尊神明去做事。以上，這畢竟是極少數，所以接下來我所提的仍以民主天界為主。」

此外，仍讓我感到疑惑的是，所謂的上帝和玉帝不就是天界的主宰者嗎？這為何不意味著所有天界都是採行專制的政治體制呢？

L老師繼續說：「我想你之所以會誤認為天界全然是專制體制，很可能是因為玉皇大帝這個詞或是小說所附加的刻板印象，不過這也正是盲點所在。天界體系常被凡間人們用自己的想像加以附會，比如說拿古代中國的帝制模式去對應天界的政治體制，而玉帝也就對應到皇帝。但實際上，和中國的帝制相比，在運作和內涵是有很大的差異存在的。此外，我要再次強調，上帝和玉帝是不同的概念，應該加以區別開來。」

我接著問：「好，既然L老師已經提到了至高無上的上帝，那我想請問妳，上帝和玉帝除了在層次上有根本的不同外，祂們的實際職權有什麼差異嗎？」

L老師回答：「上帝扮演的是造物主的角色，是宇宙萬物萬象的原點，包括神、佛、人、鬼、魔等都是祂所創造出來的。而除了賦予祂們各自的存在價值外，祂還制訂了宇宙間最原始的自然規律，也就是科學所追求的真理。此外，就我長期的觀察，祂幾乎不會現身去干涉各界的事務，而是讓各界自由發展和演進，但所有的變化，都在祂的掌控之中。」

L老師繼續說：「至於玉皇大帝，就像我在前面提到的，祂並不是一尊特定的神，而是一個天界至高的領導職位。玉帝除了對該層某些天界事務有實際決策權，祂同時也是行政命令的發布者，是有實際職權在的。」

聽到這裡我停頓了一下，回想起我之前曾上過的政治學，這樣看來，上帝在某種程度上很像是議會內閣制中「虛位元首」的概念，而玉帝則是擁有實際職權且固定執政期間的首相。不過這中間還是有所差異的，比起君主立憲國家中「虛位元首」的君王，不同之處在於，上帝是站在所有界的頂點，而不獨獨只有天界。此外，上帝並非被法律強制架空其權力，而是上帝本身意志的展現，也就是說祂也有能力隨時對各界進行支配。

我接著問：「L老師提到玉皇大帝是有固定任期的職位，由才德兼具的神明來輪流擔任。而我想問的是，在絕大部分採行民主體制的天界中，是否也存在著類似凡間的選舉制度呢？」

L老師說：「這個問題不錯，天界確實有類似於人間選舉制度的政治模式。包括玉皇大帝在內，像是一些高階的神明也都是由天界的成員共同推舉出來的。」

我說：「聽L老師這樣說，那到底哪些神尊享有推舉或投票的權利，還是這是天界的普選呢？此外，像我這種凡人也能代表一份民意嗎？」

L老師回答說：「先回答你第一個問題。天界的神佛會先觀察眾神的品德和能力，進而推舉出候選的神尊，再經由大家的民意來普選。至於你第二個疑問，其實就玉帝的選舉而言，眾神和凡間的每個人都有參與到喔！」

我驚訝地說：「不會吧！這麼說來我也有決定權囉！但我怎麼不記得我有行使過投票權呢？」

L老師說：「當然這並不像是人間那種形式上的投票，我想這可以算是一種直接訴諸心靈的投票。那我們要如何做具體觀察呢？像是凡間廟宇的香火是否鼎盛，便可以做為民意的風向球。而通常準備輪值或者正值玉帝的神尊在民間的香火都會特別鼎盛，因為這代表這位神尊特別受到人民的愛戴，擁有超高支持度。總而言之，這些還是得看神尊在天地之間的才德和貢獻來決定的。我想能當上玉帝，即使對神明而言，也是一件很不簡單的大事呢！」

我問：「那這一任的玉帝，輪到哪位神尊當值啊？」

L老師回答：「就最為我們一般人所知，同時掌管天、地、人三界的那位玉帝而言，是關聖帝君。」

我回答：「嗯，關聖帝君在民間的香火確實十分鼎盛，而且我查了一下資料，好像也是這一兩百年間香火才特別旺的。真有意思！」

在上面的訪談中，不但讓我們見識到原來天界也是民主的。也由此間接確認民主精神不但具有普世價值，且相較於獨裁確實是更為理想的政治體制。但我回頭思索，我想就算天界是由玉帝高高在上並掌控一切的獨裁體制也未必不好。何以言之，因為玉皇大帝跟凡人可是大不相同，即使並非全知全能，起碼也是位有崇高道德和能力的聖君。而素質優良的天界子民可以因此不用費心於政治問題，這不也是挺輕鬆的嗎？

政治結構及運作

既然天界是民主政治，那關於實際的政治運作，究竟是怎樣的樣貌呢？首先讓筆者先生感到好奇的，便是其投票制度是採行多數決還是共識決？依一般政治學觀點而言，多數決的好處在於效率，只要有過半的民眾支持即可通過，甚至在相對多數決下，連過半都不必。但缺點是其他少數民意被漠視，因而容易產生社會對立。反觀共識決重視的是公平性，在實現多數人的想法時也尊重少數人的聲音，如此能夠減少社會對立且體現社會公平。徹底的共識決是全體投票者一致通過才算數，然此制度的缺點在於容易造成少數綁架多數，或政策難產，因此在國家範疇的投票，較少見到徹底共識決的採行。

於是我問：「L老師，請問天界諸神在形成公共決策的過程中，是採用多數決還是共識決呢？」

L老師回答：「一般來說是以多數決為主。」

我繼續問：「那少數派的意見怎麼處理，祂們不會因為意見不同而起爭執嗎？」

L老師回答：「基本上少數意見也不會完全被忽視。在少數派堅持意見時，天界會派員去調查或確認這個少數意見是否有理，然後再回饋於多數意見上，以俾形成更加完整的決策。」

接下來，關於民主的類型，常見的分類便是直接民主或間接民主（即代議政治）。直接民主中最典型的例子便是公民投票，但在涉及整個國家層面的議題卻很少見到直接民主的實踐。而一般我們經由投票選出立法委員，再由立法委員合議為國家立法及審查預算便是所謂的代議政治。

我問：「請問L老師，就天界的民主運作而言，是否已經達成了直接民主？還是和凡間所有民主國家一樣仍為代議民主呢？」

L老師回答：「是這樣的，在天界的成員普遍都會關心政治運作，但並不是大大小小的事都需要天界共同參與和決定。就天界的一般公家事務而言，原則上還是由專業的神明各司其職地負責。畢竟在天界也一樣，要是每一項公家決策都必須經由全體天界通過才能執行，那政策運作將會很困難！」

L老師繼續說：「而在多數需要全天界共同參與的公共決策上，便是由各區域推派出菁英先做意見統籌，之後再代表大家意見在天庭發聲。此外，有少數的重大政策是由全天界直接參與的，這就挺類似我們公民投票的概念了。所以即便是到了天界，採取的仍然是類似代議政治的制度。」

我問：「那天界的公民是否有創制權呢？也就是經由公民直接連署提案，送交中央並訴諸全民公投，是公民直接立法的概念。」

L老師回答：「這問題很好，天界成員確實皆具備這種權利。只是關於這種權利的實際使用，卻是極為少見的，因為天界的立法往往已經考慮的相當周全。就我所知的一個例子來說好了，曾經有一個區域的成員認為天庭所制訂的決策對祂們有所不公，結果祂們自行連署且通過，並將意見上呈天庭（中央）。後來中央接受祂們的觀點，並重新修正決策，最後大家都能達成共識。」

關於民主的運作，又讓我想到一個有趣的問題。

我問：「之前L老師提到，玉皇大帝不但有部分事務的決策權力，並且是政策的頒布者，有點類似總統制下的總統職權。那我想就這部分請教L老師，天界是否也有專門的制度或機構來監督玉皇大帝的職權呢？」

L老師回答：「有，天界也有專門的監察機構，來監督百官是否怠忽職守或是有道德瑕疵。情節輕者可能會免其官階，重者可能關入天牢或是直接打入凡間。所以像是玉帝也是有可能被彈劾的，不過畢竟能做到玉帝本身的道德和能力都是眾神所認可的，所以從古至今，鮮少有這種情況發生。」

我說：「就算極為罕見，也應該有過案例吧！可以請L老師就妳所知來和我們分享嗎？」

L老師思索了三分鐘，然後說：「很久以前，天界曾經有一群神仙，對玉帝所做出的決策不滿，不但集體抗議其不公，還想藉由連署提案來罷免玉帝，曾一度轟動天界。不過後來金母娘娘出面釐清這件事的始末，那群神仙才發現原來玉帝想得更長遠，而並非不公，遂撤銷這次的罷免案。若當時這個重大的罷免案成功提出，接下來便是全天界的仙佛進行表決來看是否罷免玉帝了。」

政治學是研究人在團體中行為的學問，而團體本身便也是政治學中所必須重視的探討對象。在人間，涉及政治運作的團體主要有兩類，其一便是政黨，其目的在於取得執政權；另一則是利益團體，雖然不直接參政，但它們會藉由各種手段來影響政府以做出對自己有利的決策，比方說石化公會或計程車公會等。而觀察人類政黨的歷史源於議會政治，我們便先從議會來探討。

我問：「請問L老師，天界是否存在著議會？而在議會之中，是否有政黨的概念在運作呢？」

L老師回答：「天界雖然也有一群仙佛專門在審定法律，但和我們的立法院還是有相當差異在。此外，天界並沒有政黨的概念，但倒是有理念契合者，共同合作以實現共同理想的情況在。」

雖然沒有政黨，但L老師所提的情況倒是挺像中國古代政治中「朋黨」的概念。不過我想以天界成員的道德和素質而言，彼此應該都能夠平心論事，而不會像中國歷代的朋黨最後總釀成激烈黨爭以致於國家衰亡。

接著我問：「那我想天界應該也沒有利益團體的概念吧？」

L老師說：「確實沒有，天界的人不像人間那般現實，事事都著重於利益考量。而關於你所提到的團體概念，我倒是歸納出兩種團體是天界比較常見的組織，而這些在人間其實也不難見到。」

我好奇的追問：「究竟是什麼呢？」

L老師繼續說：「說來你也許很難想像，在天界最常見的團體很像你們大學的社團，彼此互助共享或是競技。比方說一群擁有共同興趣的成員聚在一起下棋、插花、寫作、看畫，甚至是分享彼此收藏的寶物，可以說是相當悠哉愉快的！另外再告訴你喔，目前天界最夯的可是西洋棋呢！」

我最後問：「那請問L老師所提的另一類團體是？」

L老師回答：「另一類就比較正經了，這是由一群擁有共同理想的仙佛所組成的。祂們可能是擁有共同的濟世志願，或是想鑽研大道理，總而言之是道德理想的共同追求，不像凡間追求權力或自身利益的政黨和利益團體。」

聽完L老師的描述，讓我深感不可思議。雖然L老師所描繪的世界確實是合情合理的天堂樣貌，但身為一個世俗的凡人，卻是很難想像這種輕鬆又自在情境的。

呼！實在教人嚮往天界的美好啊！

公部門管理

公部門管理，主要在探討政府或公家部門如何有效率地運作，並達成其目標。既然在天界也存在著「公部門」的概念，那我們接著便來試看看凡間的公共行政管理學，是否也能夠用來看待天界的公家機關運作呢？

首先我們用「官僚體制」的架構切入。官僚體制，簡單的說是政府為了有效率處理龐大事務而安排的組織結構。它是由上而下傳遞的，有一套必須依循的規則和程序，體制內的成員透過分工來完成事務。在政治經濟學的課程中，我對公家體系的僵化甚至是腐敗的官僚體制深感不滿，但似乎少了這制度又難以有效應付現代社會龐大的公家事務。這讓我好奇天界的公家事務是如何運作和處理的呢？

於是我問：「請問L老師，在天界是否存在著類似凡間的公務體系？」

L老師回答：「部分類似，但在層級上不如凡間複雜和僵化。比如說，天界的公務處理也有一定的公文和程序，但在效率上遠比凡間的公務體系來得快。還記得之前你好幾次看過我和呂大哥燒疏文上呈天界嗎？若天界確認無誤，沒幾分鐘便會給予回應和採取行動。我想天界的制度相較於凡間的公務體系，不但執行效率快且管理方便，讓大家都很輕鬆！」

以經濟學的觀點而言，公務人員因為缺乏誘因（獎懲制度）和市場競爭，所以效率總是低下，常被民眾詬病，但天界成員卻能秉著自己的道德感來盡心完成工作。在此聽完之後我心想：真不愧是天界！行政效率果然比我們凡間快得多，而當時我看L老師在上呈疏文後，確實只過了幾分鐘就接到訊息回應，我想其中的關鍵點就在於對自己的要求吧！

關於公務員的選拔制度，我想到我國是以考試院統一來選拔公務人員，日本好像也有專門的機構在選拔人才，而像法國有公務人員學校來栽培菁英為國服務，總之各國不一。那天界的文官選拔機制究竟是如何呢？

我問：「請問L老師，天界是如何選拔公務人員的，是像我國必須通過考試院的考試才錄取、由專職的神明來推舉，還是所有天界成員來選呢？」

L老師回答：「天界的公務基本上可以分兩類，一類是需長期專職的工作，另一類則是任務制的工作。原則上前者必須經由考試和道德審查才錄取，後者則是由專門的仙佛推舉派出。此外，天界的考試相當嚴格，項目包含能力、道德操守和經歷，甚至連棋藝和射箭都在考試範圍中。」

L老師講到這笑了起來，可是我卻皺起眉頭：「棋藝和射箭？考這個幹嘛！L老師妳所說的確實是妳的親身見聞嗎？」

L老師回答：「嗯。我確信之前在天界出公差時，曾經看過。真的很特別，也許在凡間的人們無法想像吧！但在天界確實是這麼的呈現。」

這讓我想到孔子所言「君子無所爭，必也射乎！」即使不得已而必須競爭，也不是汲汲於名利而不擇手段，是講求道義和禮節的。看來以天界成員的道德操守而言，可以說是孔子所認定的君子呢！

我問：「要任職公家事務，必須要有專長和技能。在凡間必須先通過國家考試的各種學科考核，之後再由政府培訓而成為正式公務人員。那在天界也是同樣的流程嗎？」

L老師回答：「不太一樣，任職天界的公務，基本上自己要先具備足夠的學識和技能才行。那要去哪裡學習呢？原則上是先提出申請，天庭收到訊號後便會派老師去指導祢，待祢受訓完成再去參加考試。而當祢通過考核後，起初的時間會有前輩帶著祢工作，讓祢上手。總之，天界的公家事務是不太容許差錯或弊端發生的，所以無論專才考核或訓練皆比凡間來得嚴謹。」

我問：「既然天界仍有私有的概念在，那天界的公務人員應該也有薪俸吧？」

L老師回答：「當然是有的，只是祂們拿的並不是錢財，而是帶有能量的珍寶或仙果。這些能量能夠用來補充靈體能，而寶物可以幫助這些仙佛實現道德理想。但這些東西對天界成員來說都只是額外的獎勵品，祂們並不是為了得到這些能量才去服務眾生的。」

就行政權的行使分成兩類，一類是集權制，下級或地方必須完全貫徹中央意志來行政，優點是標準一致，能有較佳的行政效率。另一類則是分權制，雖由中央下令，但地方有處理事務的全權不受中央指揮，其優點在於能夠因地制宜。

我問：「說到這裡，那祂們在行政權的行使上，是採取集權制還是分權制呢？」

L老師回答：「原則上是你所說的分權制，是由上級充分授權給下級。畢竟能夠在天界執行公務，能力和道德都是相當高的，所以行政效率自然沒話說，還能兼收因地制宜的效果。但是，有些和全天界相關的大事，仍由天庭直接主導，所以也並非完全的分權制，還是要看性質而定的。」

國父孫中山先生曾提過均權制度，簡言之是端視事務的性質來決定其應該由中央主導或地方去做。看來天界在行政權的劃分也和國父所言相像。

在人間的公務體系中，職位的升等看的主要是年資，所以大官不可能是年輕人。而在高度競爭的私人企業下，升等的評判主要在於你對公司的貢獻，是功績的概念。

於是我問：「請問L老師，天界官員的職等看的是年資還是功績呢？」

L老師回答：「大約各佔百分之二十五吧！而剩下的百分之五十才是最重要的，那就是祢的品德和修為。基本上能夠在天界公務體系服務的，能力都是毋庸置疑的，所以祂們最重視的還是道德。」

我接著問：「那天界的公務體系有考績制度嗎？」

L老師說：「當然是有的，而且考績標準來得比凡間嚴格。考績不好的話，輕則降級，重則免其職務。也因為天界成員的心態是以能夠服務為榮，所以天界的公務體系不但比凡間還來得競爭，流動率也較高，並非坐上位置後就永久保障。」

雖然聽到這裡，深感天界的公務體系遠比凡間來得優質。但我想即便是天界，應該還是會有弊端在的，而天庭又是如何處置的呢？

我問：「在最後我想問，天界是否也像人間公務人員，有怠惰或是紅包政治等陋習呢？會被懲處嗎？」

L老師：「怠忽職守還是會有的，但在程度上遠比凡間來得少，而收紅包我倒是前所未聞。我想天界成員更在乎的是自己的道德操守，而非投機取巧的利益。若有怠忽職守，視情節輕重不同，天界將會給予不同懲處，一般是降其職位，嚴重的可能直接剝奪職位。」

我問：「既然天界也有投票和推舉制度在，那請問天界是否也會出現賄賂的惡行呢？」

L老師回答：「極少見，因為這種罪行遠超過怠忽職守，是根本的違背道德良知。所以即使情節較輕的也會打入天牢，重的就直接逐出天界了。」

在此做個小結，我發現天界的政治社會有幾個和凡間最根本的差異點。其一是雖然天界的產權亦有公私之分，但在天界的工作性質卻都是「公」的，並沒有私人企業的概念，大家卻也能夠盡心盡力，並以此為榮。這還真是令人嚮往的社會主義典範，而我想其能夠實踐這種美好社會的關鍵就在於成員的道德涵養。其二，天庭並不是什麼都要干涉的大政府，但它卻能替全體公民做出最多適切的事，而不擾民。也難怪天界的成員大多都能放心的把事情交給天庭，如此自在悠閒了。

最後，從這些對話看來，人們所追求的理想國也許就存在於天堂或天界中。我認為能夠形成這種美好的群居社會並不是多棒的制度使然，而是基於整個社會成員崇高的道德素質。只是，想把人類世界建立成天堂般的理想國度是不太可能的，因為會來到凡間的人都是因為道德修為還不夠格上天堂，是故人間本身就是個考場，所以存在很多難題等著人們去學習和面對。但換個角度思考，從現在開始，我們可以努力於自身道德修養及靈性的提升，而當我們的「修為」夠格上天堂，理想國度也就近在眼前了。

國際政治

在人間，國與國之間錯綜複雜的關係及互動，是每一位學習外交或國際關係的人士都會關注的議題。筆先生對政治學最感興趣的便是國際政治這一塊，在我們用國內政治的概念去看過後，接下來便來討論無形界是否也有國際政治的概念。

我問道：「L老師首先我想請教妳，天界是否也像人間那樣同時並存著許多主權獨立的國家呢？還是說天界早已是美好的大同世界，並存在著大一統政府？不過若是大一統的情況，在凡間的人們應該不至於看見不同神靈以及對神學有不同解讀，並因此產生不同的宗教信仰吧！」

嘿嘿，我打算一開始就給L老師出難題。

L老師說：「嗯，關於天界，在某種程度上仍存在著國度的概念，但這卻又不完全是人間那樣的國際政治現實。可以這麼說吧！天界確實存在著不同區域，並由不同神尊掌管各大區域，而這種分類主要是以宗教和文化做為區分。」

我繼續問：「既然來到天界還有區域之分，那麼在所有地區之上，天界是否存在一個類似世界政府或是聯合國的組織呢？」

L老師回答：「有，用我們熟悉的名稱來說，那便是天庭，管轄整個天界事務。而住持天庭的頭頭便是眾所皆知的玉皇大帝，祂是由天界推舉出來的共主。另外補充一點，玉皇大帝這個職位可不是只有東方神明能做，就我所知，西方神尊也有好幾次被推舉為天庭的共主。當然，在基督教的世界中，不是用這玉帝這個詞就是了，但我想一定也找得到相呼應的概念。」

接著我想到一個有趣的問題。「那凡人上了天堂，是否還有種族之分呢？」

L老師回答：「有的，就靈體能量呈現的形貌而言，還是能夠分辨出來的，比方說膚色或是風俗文化。」

「奇怪了，為何都剩靈體，還會有這樣的形體區分呢？此外，這樣的區分不會造成偏見或歧視嗎？而不同語言和文化的天界成員，祂們究竟要如何來溝通呢？」我聽了之後皺了眉頭，接著便一口氣提了三大疑問來質疑。

L老師喝了口茶，娓娓道來：「你問的問題不錯。首先，即使人上天堂並轉化為無形能量的靈體呈現，在某種程度上仍會保有凡間形貌在。所以說眾神各有各的樣貌並不全然是信徒們的想像，也是因為祂們確實各有各的樣貌呈現。而就這點而言，神、仙、鬼、魔或精靈皆是如此，但可以注意的是，靈體層次愈高，也就愈不容易看清楚祂們的呈現。所以會讓人看得很模糊，常常只是因為自己的能量層次還不夠高而難以看清罷了。」

L老師繼續說：「其次，天界的成員，已在凡間通過相當程度的心性考驗，所以自然也不會對種族或是膚色有什麼偏見，大家都是互相尊重和相愛的。而天界的成員於表於裡，基本上都是平等的。關於最後的問題，上了天界後大家會自然而然的用靈語溝通，所謂的語言只是表象，實際上是意念的互相傳達，所以語言是否相同也不再重要。」

聽完之後我有所領悟，接著便問：「那在天界想從一個區域到另一個區域去居住，要怎樣遷移呢？不會很複雜吧？」

L老師說：「放心吧！並不需要辦一大堆繁雜的簽證手續。雖然由不同神明掌管不同領域，但在天界基本上是自由遷徙的。不過，各地區的成員也有不同文化在，這是必須稍微入境隨俗的。」

我似懂非懂地繼續問：「照妳這樣講，那假如我是中國的基督徒往生後該怎麼辦呢？我所信仰的神尊可是在遙遠的西方世界啊！」

L老師說：「原則上還是由中國這塊區域的神尊來掌管和安排，而並非西方的上帝，因為你的靈終究是在東方出生成長的。而你所信仰的西方神尊會授權給在地的神尊，給你往生後的指引和安排。不過，你也可以提出申請，讓你的靈體回歸西方神尊的管轄下。」

聽完L老師的解說，感覺外交學問在靈界似乎派不上用場。因為，到了天界雖然仍有「區域」做為區分的概念，但這對於無形界的成員制約力似乎不大，主要影響仍在於信仰和文化，不像凡間如此強調國家主權和利益。不過，L老師也間接解釋了為何世界各地的人們所觀察到的神尊會有所差異，並進而產生不同宗教信仰。原來，這是因為天界確實存在著不同神尊掌管著不同區域。但說實在的，因為這種分歧，而讓人們為了消滅異教徒大打宗教戰爭或行宗教滅絕實在是很沒必要。我相信不論東方也好，西方也罷，神究竟是愛世人的，而這些衝突應該是天上神明所不願意見到的悲劇吧！

試圖解釋國際關係的三大理論，它們分別是理想主義、現實主義和新自由主義，三者爭辯了數十年至今而未歇，而這些理論的一大目的就是在探討如何避免戰爭再度發生，也是我們於最後要討論的國際安全議題。

理想主義在第一次世界大戰後浮出檯面，相信人性本善，力主裁軍以及共推一個在各國主權上的國際組織，並講求符合道德的外交政策。只是，法西斯政權的崛起以及二戰爆發把理想主義給埋葬在歷史中。接著取而代之且至今仍為主流的便是現實主義，認為國家的權力和武力才是主導國際關係的要素，而國家是自私自利的，彼此易衝突而不易合作。最後，新自由主義是在美蘇和解的背景下產生的，重視國與國之間的互賴關係，比方說經貿和文化，而非單單只有國家權力主導國際政治的運作，並認為國家間常有合作的機會。

以上，就層次而言，理想主義是最為高尚的。但是它在人間的實踐卻是失敗的，並被人們譏為烏托邦主義，是空想的社會。反倒是道德層次最低的現實主義卻成為主流理論，最能夠解釋國際政治的運作。那麼，以天界成員的素質而言，理想主義的框架若置於其中是否仍為空想呢？而決定天界「國際關係」的關鍵要素究竟是權力、利益還是什麼呢？以下我們便來探討。

我稍微向L老師提了三大國際關係理論後，並問道：「照L老師剛才的說法，看來天界似乎也存在著某種程度的國際關係，只不過少了主權的概念。那以天界的國際關係而言，祂們彼此會有衝突嗎？而又是如何化解紛爭呢？」

L老師回答：「即使是在天界，仍會有衝突發生，甚至有時還會打起仗來。我想，天界和凡間最大的不同就在於起爭端的目的。凡間總是因為國家權力或利益的爭奪而打起架來，但天界成員卻是為了彼此的理想或信念而起爭執，顯而易見地，前者是物質層次而後者為精神層次的追求。」

我繼續問：「原來天界也曾有過戰爭啊！但戰爭依規模大小區分為有限戰爭和大規模的總體戰。那麼，天界的戰爭型態究竟是哪一種呢？」

L老師回答：「放心吧！天界的衝突是遠比凡間少多了。基本上起爭端時，彼此會先各派數位成員代表來協調。而當協調不成時，會再回去報告看是否讓步，若再不成，才會訴諸戰爭。而天界的戰爭也很有趣，祂們會在事先講明規則，然後互相派幾個人來一較高下，可能是鬥法術或比試其他能力。」

我插話問：「那祂們會殲滅輸的那一方嗎？」

L老師回答：「原則上是不會這麼做的。天界的成員基本上都很善良，即使起了衝突，也只是分個高下，不會真的去殲滅對方，並且會盡量把傷害降到最低。」

我心想，天界的戰爭還真像是春秋時代的戰爭，意在使對方屈服，而並非把對方給消滅掉。而且挺類似孔子所說的「君子之爭」，感覺還真不錯。

我繼續問：「那天界內部曾出現過大規模動員的總體戰爭嗎？」

L老師回答：「就我所知，從亙古至今，還是有出現過幾次的。而這種在無形界進行大規摸戰爭的結果，就連死傷遍野的慘況都不會出現，因為靈體被消滅後會直接化為烏有。」

我繼續問：「即使在天界，還是會有殺紅眼的情況啊？那祂們衝突的根源究竟為何呢？我挺好奇的。」

L老師回答：「我想是因為彼此的理念具有根本性的互斥，而且又是必須完整堅持的理想，幾乎是沒有妥協空間的，才會發生這種悲劇。」

我說：「那天界在大戰之後是否曾進行檢討以避免下次戰爭再度發生呢？而祂們究竟是如何推出實際措施來改善的。」

L老師回答：「天庭會召集衝突的各方來進行協商，而因為天界的成員本身也是很不樂見戰爭發生的，所以在此時也容易妥協並凝聚共識。此外，天庭也會由各方共同商議並訂定出規章，以避免下次戰爭的發生。基本上在天界的成員都能夠遵守約定，也因此能避免重蹈覆轍。」

雖然天界的衝突相對於凡間已少很多，但這麼看來，即使是天界，也無法完全避免戰爭的發生。此外，讓我感到有興趣的是，國際公法在人間因無強制效力，常會被各國抵賴不從。但照L老師的說法，天界似乎也有國際法的概念，而且大家會去遵守。最後，凡間各強權總是因為互不信賴而墜入「軍備競賽」這種徒然浪費資源的安全困境。而由L老師的回答來看，以天界成員的道德水準而言，祂們必然能夠遵守規章，進而達到整體安全的提升，也從中避免了無意義的軍備競賽。

在西方的神話故事中，據說，撒旦原為天界的天使，後來起兵對抗天界，並成為大魔王。剛剛都聚焦在天界內部，但接著我想瞭解，天界是否也和其他界發生過戰事或衝突呢？

L老師回答：「魔界確實曾經挑戰過天界，當祂們認為其成員數或是能量都足以和天界匹敵，並不滿天界總是居於上頭時，就會出來挑戰天界，並發動戰爭。在這裡，也讓我想起一段被掩沒的天界歷史。其實在很久以前，魔界曾經擊垮天界諸神並拿下天界過。」

我難以置信的說：「不會吧！邪怎麼可能勝正呢？太讓我意外了。」

L老師繼續說：「魔界成員曾一度佔領天界，帶頭的是一位法力高強且智慧極高的魔王，只是在天界被佔的那段期間祂們倒也沒做什麼壞事。後來，祂們因為不適應天界那種和平共處且輕鬆快樂的感覺，便又撤回魔界了。而這段歷史，一則因為太過久遠，二則是天界不想提起，所以也就很少人知道了。」

最後，呼應開頭所提到的三大國際關係理論，看來被世人識為「烏托邦」的理想主義，在天界反倒成了最能解釋政治運作，並且是最有可能實踐的思想。而箇中道理就在於，在凡間國與國之間講求的是權力和利益至上，到了天界卻轉換成對道德理想的訴求，由精神信念取代物質慾望。此外，我想也是因為天界的成員都有一份能為他人著想的心以及善念在，所以能夠把衝突的可能和傷害都降到最低。哈！要是當年提倡「理想主義」的美國總統威爾遜能夠見到他的理念早已在天界實現，我想他應該會感到欣慰吧！

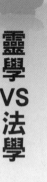

雖然，筆先生自認算是一個挺有正義感的人，但是在刻板印象中，法律人似乎要硬記一堆法條，而這正是我最不擅長的，也因此一直對法律學望之卻步。上了大學以後，因為必修的關係，還是得硬著頭皮去上民法、商事法以及國際公法的課程。可是我發現到，雖然法律以追求與實現正義為目標而生，但在它的設計和實質運作上卻並非全然如此。比方說，我在學過國際公法之後，就深感那根本是大國政治妥協下的產物，其維持國際現狀穩定遠大過對正義的追求，也無太大強制力在，各國仍有要賴空間。而商事法主要是在促進經濟穩定運作和發展，也和正義摸不上太多關係。雖然民法與刑法有追求正義的目的，但在實際運作上卻非盡如民意，也未必達到正義。

總結來說，我想是因為人類對真理的知悉尚有很大不足，因此人間的法律在實際運作上似乎也無達到太高的理想性，此外，還有很多涉及道德的問題是法律所無法處理的。也因此，筆先生很好奇天界的法律和凡間法律的本質是否有所不同，以下便開始我們的對話。

天律的本質

我問：「在凡間，有著各式各樣的法律來追求正義實現和維持秩序，那是否存在著一個至高無上的天律？而天律的本質會是什麼呢？」

L老師：「當然是有的，而且相較於人間法律更加完備及複雜。天界的法律和凡間法律最大不同點就在於天律主要是建立在道德層面上，當然也包含公平正義的準則。」

我問：「那天律的效力範圍有多大呢？」

L老師回答：「基本上適用於天、地、人三界，所以才會複雜些。」

我問：「凡間的法律幾乎都是在保護人，把其他的生命視為人的動產。比如說我家狗狗被撞死為毀損罪，連個傷害罪都算不上，幾乎賠個錢就可以了事。那麼天界的法律是否涵蓋其他萬物呢？」

L老師回答：「萬物皆有靈，天界法律不只在乎人，同時也顧及到其他較低等靈體的公義。就像假如某隻狗狗被壞人莫名殺害了，這隻狗狗往生後可在閻王前提出申訴，閻王便會把牠和主人的累世因果攤開來給狗靈看。一種情況是這隻狗本來就有虧欠此人，而剛好做個因果了結，狗靈可以選擇就此打住，或者繼續冤冤相報。另一種情況是此人新起的惡因，此時天界就會允許狗靈去討報，做為對這個主人的懲處，也就是所謂的冤親債主。」

凡未經立法機關依立法程序制訂，而具有法律效力，稱為不成文法。主要依照過去判例和習慣來判決，較有彈性，主要採用國家為英國。而必須經由立法程序制訂的法律稱為成文法，像我國和德國皆是。我在想，天界採取的是哪種呢？

我問：「想請問L老師，天界的法律是成文法還是不成文法呢？」

L老師回答：「兩者都有，但基本上以成文法為主，由法條依據來做出判決。」

民法是規定有關人民及法人的財產關係、身分關係的法律。而刑法是國家對犯罪行為及應受懲罰等項做出具體規定的法律，由政府公權力提起公訴為主，當事人提出自訴為輔。

我繼續問L老師：「那天律有民法跟刑法的概念嗎？」

L老師回答：「這樣說吧！我們為惡造業而涉及觸犯天律的部分，會由上天主動懲罰，像是人一生註定的命運就和這個大大相關，比較像是刑法的概念，是欠上天公道的。而我們常講的冤親債主，便是人與人之間的因果恩怨。若這輩子未能償還所欠，下輩子上天還會安排你的債主來向你討報，讓你們能個做了結，所以我們常說冤家路窄還真不是沒道理的，而這比較像是民法的概念。」

L老師繼續說：「涉及違反天律的部分，執掌天律運作的神明會主動對你進行審判和執行判決，有點像刑法上的公訴。而關於人與人之間的恩怨，你可以主動去提告，上天會去查證事實並居中仲裁，核准之後便會發給你討報令，准許你討回公道，也就是所謂的冤親債主。而若是沒有申請而自行去討報，就有點像動用私刑那樣，算是違反天律，即使有冤屈在，也將因此被天界懲罰。」

我問：「關於天律，立法機關為何呢？舉例來說，像中華民國憲法是以三民主義為精神由制憲國民大會所通過的法。而天界的法律多久會進行增修呢？」

L老師回答：「基本上天律是來自於眾神明的意見和看法，由大家集思廣益，並凝聚共識而通過的。而負責這一部分的神明，幾乎每天都在開會，針對三界的發展運作狀況適時調整，會增加也會刪減法條。」

我有點驚訝的說：「每天都在變，那眾生怎麼知道自己的所作所為是否有違背天律呢？」

L老師說：「這並不難啊，首先，天界在人間有傳聲筒，也就是所謂的通靈人或宗教人，他們可以透過接收訊息的方式來把新觀念傳達給眾生。另一種方式，也是最簡單的方式，就是憑你一顆良心去做事，這樣也不會偏差到哪裡去了。」

這讓我想起，王陽明先生在傳習錄提到「吾心之良知，即所謂天理也」，也就是心即理的思想，L老師所提到的第二種方式倒是呼應了陽明先生的說法。不過現代人的物質慾望重，良心的遮蔽也大，要看見那顆純真的良心似乎也不是一件簡單的事。

天界的司法體制

在司法制度上，台灣主要是以一個法官的認定和判決為主，但採取這種制度卻有可能出現判決結果不符社會觀感的結果，像近來頻傳的「恐龍法官事件」即是。而在英美法體系，存在著陪審團制度，避免職業法官的獨斷，卻也有著高成本及陪審團不具專業知識的弊病在。那究竟天界的司法制度是如何，是否比人間法律還要完善些呢？以下我們便來討論。

我問：「請問L老師，天界是由誰做主審法官呢？而天界的法庭運作機制又是如何呢？」

L老師回答：「主審法官不固定，經常會有變動，通常由某些專業神尊輪值擔綱。」

我說：「這和人間倒是挺相似的，避免法官有所偏頗或獨斷。那L老師看過哪位神尊做過主審法官嗎？」

L老師繼續說：「姜子牙你知道嗎？有一次我到天庭辦事，就曾經見過他審案。」

我問：「那祂們的審判機制是全憑一個法官作主，還是像美國那樣，有陪審團制度在呢？」

L老師回答：「會有其他神明在場，祂們會各別從不同角度來去評估和查證。在這些神明都達成共識後，最後由主審的神明做出判決，這也許像是你所說的陪審團制度吧！」

我想，天界採取類似美國陪審團制的審判機制是正確的。因為以天界眾神的優良素質來說，不太會有知識或道德性不足的問題產生。此外也沒有太大的成本問題，畢竟仙佛們都有神通，而且不用填飽肚子嘛！這樣一來，凡間陪審團制度的兩大缺失就迎刃而解了。

我問：「天界應該不需要類似檢察官的職員去搜集證據吧？既然地府都有功過簿可以查了，那你曾經做過什麼壞事祂們應該查一下就知道吧？」

L老師回答：「沒錯，你曾經做過什麼會記在一本簿子上，有點類似地府的功過簿，但卻又不太一樣。基本上天界只要一查這個東西，你在人間曾經做過的一切都將清楚呈現，無所遁形。」

我問：「在人間由警察進行逮捕罪犯並維護治安的任務，那在無形界呢？」

L老師回答：「在天界是天兵天將，而在地府是由鬼差負責執行這項工作的。」

審判依據與結果

我問：「剛剛老師有提到關於功過簿的概念，我在這裡想到一個比較機車的問題。那就是在這世間除了善念做善事和惡念做壞事外，還存在著兩種情況。一種是你雖然一心憑著善念，卻在無意中做出壞事，像是熱心的庸醫把人家給弄死啦！另一種則是滿腦子壞念頭，可是卻做出好事，比如說想要搶劫，卻意外救了這個人的命。那這兩種情況在天界的法律及功過上如何去判定呢？」

L老師明快的回答：「毫無疑問的，後者的過錯比較大。」

我有點皺眉頭的問：「可是後者終究做了好事啊！怎麼說他的過錯比較大呢？」

L老師回答：「做出好事是沒錯，但心存惡念卻是更要不得的事，心念還是比結果來得重要。」

我問：「依照天律來說，沒有惡意的不知者有沒有罪過呢？」

L老師回答：「當然還是有罪的。即使沒有惡意，但因為自己不夠謹慎或是明辨是非的能力不足而犯錯，也是過錯，必須檢討自己。」

我接著問：「天界的成員，比如說神明也會犯錯嗎？那犯錯又該如何處罰呢？」

L老師回答：「陰間有地獄在執行處罰。而神仙即使是佛祖也會犯錯的，所以也存在著天牢。但在天牢受的苦和地獄有所區別，比較接近一種內心的煎熬，比如說以貪嗔癡去考驗你的內心，誘使你的靈性墮落。這和在地獄所受的痛苦相比，並沒有比較好受。」

我繼續問：「L老師之前提到，大部分的人在往生後既不是上天堂，也不是下地獄，通常都是繼續輪迴去完成靈體的試煉和修練。所以我在猜想，除非是所犯情節相當嚴重才會下地獄吧？此外，應該還有除了下地獄以外的處罰方式吧？」

L老師說：「是的，除非犯了很大的過錯，讓上天都想放棄祢，也就是所謂人神共憤的惡行，才會進地獄，上天究竟是慈悲的。不過，我之前也說過，在地獄受刑的囚犯有不停增加的趨勢，人們真該自覺啊！」

L老師繼續說：「接著回答你第二個疑問，是有的，而且在不同空間有不同的裁罰。像在天界，輕者會透過抄寫經文或強制執行天界公務來贖罪，重者剝奪其官位或降低靈格。在陰間，還沒有進入地獄卻犯了錯的鬼魂，可能會被關在一個空間無法動彈，形同軟禁，很不好受。在人間，上天可能透過讓人生病、折壽、遭遇挫折甚至是連帶影響親友來對這個人做出懲罰。」

我問：「一人做事一人當，上天為何要這樣連帶懲處呢？」

L老師回答：「主要用意是在於給人們警惕，另外，違反天律者和身邊的人通常也有因果關係在，也就是所謂的共業。」

這讓我想起「養不教，父之過。教不嚴，師之惰」這段話。人間很多事情就是這樣，犯錯的是某甲，可是實際責任卻在某乙身上，但這卻是人間法律所無法處理的。比如說父親混黑幫，導致兒子在成年後有樣學樣也犯了殺人罪。此時只要父親沒有涉入其案，法律只會判這個兒子罪。但事情的根源卻是這個父親沒有教好孩子所種下的惡因，雖然父親無犯罪事實，但不懲罰卻也說不過去。

在刑法八十條中，規定了法律追訴時效的條文。也就是說，一旦追訴時效完成，追訴權將消滅，犯人就可以逍遙法外了。這是難得我不太認同的法律規定，因為這樣不但會讓犯人存苟且逃避的心態，社會也將無法實現正義。

我問：「天界有法律追訴期的概念嗎？」

Ｌ老師回答：「不應該說是追訴期，比較像是一種觀察期間。我剛剛有提到，無論祢做什麼，天界都會知道，所以絕對逃不了報應，不可能消遙法外。但祢犯了過錯以後，天界會先審查狀況，並給予祢一個緩衝期來檢視祢在這期間的行為是改過自新或仍執迷不悟。」

我繼續問：「聽起來好像有點假釋的意味在。那是不是洗心革面後，以前犯下的種種就可以一筆勾銷，也就是所謂放下屠刀立地成佛，是這樣嗎？」

Ｌ老師回答：「天界還是會回去審祢犯下的過錯，但若是有改過自新，將會大幅度的從輕量刑。但要一個人下定決心真正改過，卻也不是件容易的事。」

我最後問：「話說我最痛恨神棍了。我想問，在人間的通靈人士，若是用他的靈通去詐財騙色，或者違反天規，會被怎樣處罰呢？」

Ｌ老師回答：「輕的話會失去身邊某些東西或是生場大病，嚴重的話可能會被收回能力甚至是被降靈格。我之前就曾遇過一個通靈人用盡手段搾取信徒錢財，結果後來真的被神明收回他的辦事憑證，也就是天界授予的辦事令旗，使他之後的辦事科儀再也無效力。可是，他仍執迷不悟，繼續裝著若無其事來騙取信徒錢財。在這種狀況下，天界將可能會給他更大的懲罰。」

道德爭議的處理

天律和凡間法律在本質上最大不同之處，就在於天律具有崇高的道德性質，而且直接訴諸正義。在接下來的部分，我們便嘗試用L老師所得知的天界觀點，來看待一些凡間法律所無法處理的問題。我想，至少做為一種參考觀點來思考這些道德爭議的事情也是不錯的。

首先是死刑的問題，在西方很多先進國家都已廢除死刑，而在我們台灣卻仍是個爭論不休的議題。就我個人來說，比較偏向支持無期徒刑來取代死刑。但我的前提是這個無期徒刑必須讓罪犯所償的痛苦不下於一死了之，這樣才能對受害家屬有個交代，此外也要避免用納稅人的錢白養受刑人一輩子。那就L老師所知的天界觀點究竟為何呢？

我問：「天界是否會贊成國家動用公權力執行死刑來實現公義呢？」

L老師回答：「就我所知是不認同的。理由在於，這個罪犯之所以會犯案，通常有無形的因果在，可能是被害人在這之前有欠這個罪犯，又或者是這個罪犯新起的惡因，但即便是如此，天律也終將制裁這個人，並不需要政府扮演上帝來剝奪一個人的生命。但這些因果問題都很難被凡人所看見，所以也是麻煩之處。」

第二是自殺問題。自殺比例隨著社會發展，有逐年不斷提升的態勢，而自殺也是某些人想解除肉體痛苦的終極手段。但自殺真的可以一死了之嗎？而這會對靈魂的部分造成什麼樣的傷害呢？

我問：「關於自殺的問題，我想先請問L老師所看到自殺者的狀況為何？」

L老師回答：「很恐怖！他們會不斷重覆同樣的自殺動作，一次又一次的體會死亡的那瞬間，不但不能解脫，而且還是相當痛苦的反覆過程。這也是自殺者靈魂會停留在案發現場不能離去的原因。」

我說：「和我之前所聽說的類似，那自殺對於一個人的影響就僅止於此嗎？」

L老師回答：「不只是這樣，自殺首先違反的是天界的規律，因為非自然死亡，陽壽未盡。其次，百善孝為先，自殺者通常也有很重的不孝罪在。最後，即使他們再次輪迴做為人，也將不會有後代，而且壽命還會大幅減短，以此來懲戒自殺者，讓他們能體會生命的可貴。」聽完之後，筆先生真的想在此奉勸一些朋友們，即使人生遭遇再大挫折，也不要去自殺啊！這將只是帶來無止盡的靈魂痛苦，而解決不了任何事。我相信人生挫折再大，都是靈性的考驗，過關了，天堂亦不遠矣。

第三，在這之前，我是贊同在重病病患的同意下，使用安樂死的方式來讓病人安然離去。理由在於可以同時讓患者從痛苦中解脫，讓親友卸下重擔（操心及醫療費用），也讓社會節約了醫療資源。用經濟學的觀點來看，有所謂的帕雷托進步，那就是在幾乎不傷到任何人的福利下，提高整個社會福利，所以應該去做。那天界的觀點究竟如何呢？

我問：「近年來在各個國家都曾引起爭議的安樂死，不是皆大歡喜的措施嗎？為何各大宗教都對此不太認同呢？而天界對此的看法為何呢？」

L老師明快地回答：「我從無形的角度來看，事情可不是只有肉體解脫這麼單純。就我在陰間見過的安樂死往生者，祂們清一色都『後悔』做出安樂死的決定。當下我曾相當疑惑的問祂們為何如此。才聽到祂們告訴我說，在執行安樂死的當下，乍看之下肉體痛苦慢慢解除了，可是在到死亡的那一瞬間，卻是極度痛苦。更讓人不解的是，這些後悔的往生者，都一致把問題怪罪到安樂死執行者身上，即使這些人只是照往生者生前的意願去辦事。我試著去向祂們解說是你們自己選擇這條路的，怎麼可以把問題推到別人身上，可是祂們卻沒一個聽得進去，只說祂們要的是舒服的離開人世，而非如此受罪，由此可見安樂死的痛苦！」

我問：「那如何就天界的觀點來看安樂死這件事呢？」

L老師回答：「這和自殺挺類似的。一個人不該藉由這些違反自然規律的方法來逃避自己在人間所遭遇的痛苦和責任。若不去勇敢面對自己的問題，那些惡因惡果終究還是無法得到了結，來世還是得面對，而且還可能更將加重。」

第四，墮胎，也和安樂死一樣，是個充滿道德爭議的議題，最近台大教授才對這個問題發難。據他估計，台灣一年新生兒數目不過十七萬，而墮胎人次竟高達三十到五十萬之間，真讓人咋舌。那究竟墮胎會對無形層面造成什麼樣的問題呢？以下我們便來探討。

我問：「L老師，請問墮胎對無形面產生的影響為何呢？為何各大宗教都不太認同這件事。」

L老師回答：「墮胎其實就算是一種殺人行為，而最常見的無形問題就是嬰靈跟隨，使得諸事不順。你要想想，投胎可不是件容易的事，是要排隊等一段很長時間的，有時候甚至一等就是個幾十年。你今天把這個小孩拿掉，他又得重新回去排隊，換作是你，你能不怨嗎？

我繼續問：「那關於未來可能生下畸形兒，是否有墮胎的正當性呢？」

L老師回答：「即使是畸形兒，也不該存著逃避心態來抹煞這個新生命。因為，之所以會生出這樣特別的孩子，往往是因為你們兩個有相當因緣在，又或者是上天在考驗你為人父母應樂於接下這學習才是。」

第五，隨著科技的快速進步，人們變得驕傲自大起來。從過去崇敬大自然，變成想控制大自然，甚至想挑戰造物者。基因改造，就是一個代表性議題。我原本也是基因改造食品的忠實支持者，因為可以解決糧食不足的困境。可是我卻在學習中醫的過程中，發現到基因改造食品暗藏著「有形無神」的大問題。雖然這在物質結構上看不出來，可是在我們看不到的形而上能量層面，卻完全不能夠再和同種的天然食品相提並論。而失去天然之氣的食品，未必能被我們的身體所能接受和吸收，也難怪會有導致癌症的疑慮。

除此之外，人類還會運用科技來對不同物種基因進行亂配，進而調配出難以在自然環境下生存的生命，常常使這些新品種夭折或是造成危害自然生態。那麼，究竟天界對於人類這些基因改造及亂配種的行徑有何看法呢？

我問：「想請教L老師，妳知道天界對人類想透過科技手段來主宰大自然持何態度呢？像是基因改造、性別控制，甚至是創造生命等行為。」

L老師回答：「這當然是會亂了天界訂下來的法則，也可以說是破壞大自然既定的秩序和規律，是在挑戰上帝的創造。在有形層面，人類必須承擔那沒人能預知的後遺症，比方說破壞生態平衡和疾病的問題。而在無形層面，這些人必須承擔這一切後果及業力。上天不但會給這些人懲罰，嚴重者還有可能下地獄。」

第六，哲學所討論的功利主義Utilitarianism，也就是經濟學所討論的效用主義，效用主義認為人應該做出能達到社會總體最大效用的行為。所謂最大效用依據此行為所涉及的每個人福利來計算總和，且快樂與痛苦是能夠換算的。此學派的學者認為，能增加最大快樂值的即是善，反之為惡。可是這卻衍生出一些爭議性的難題，比方說犧牲幾個人的性命來換取社會上絕大多數人的安全，這樣是正義嗎？而我們該做嗎？

我問：「為了追求整個社會福利最大，而犧牲少數一兩個人。上天會認同這種事情嗎？」

L老師回答：「嗯……其實，上天也曾經做過這種事。」

我相當詫異地問：「是什麼事呢？上天竟然也需要這麼做。」

L老師回答：「其中原委我就不提了。但天界有事先和這位神尊說明白，而祂也是自願犧牲來換取三界的福祉。」

我說：「這件事至少有經過本人允許，倒也是還好，有自願者算是皆大歡喜，我們就先不談了。那假如被犧牲者根本沒有選擇餘地，而是被其他多數暴力而強迫犧牲呢？」

L老師回答：「原則上，上天還是偏向你所說的效用主義這邊的，畢竟祂們看到的是全體人類的福祉。而那些極少數被犧牲的人，不是上天有特別安排的天命，就是會在事後進行對靈體的補償。」

其實我本人是反對效用學派的，所以這段問答我曾經一度激動起來。理由在於，憑什麼要犧牲我來成全你的幸福呢？可是，在考量到人不只有在人間物質的這塊，而還有無形永生的靈魂在以後。其實我們放寬心來看，犧牲小我來成全大我的行為，對形而上的靈魂來說，也只不過是失之東隅，收之桑榆罷了。在物質方面失去的，我們就在靈魂層次上用功德補償回來吧！

靈學VS物理學

雖然筆先生在高中時期讀的是理工類組，而且覺得物理學還挺有趣的，但卻始終學不上來，總是在及格邊緣徘徊。所以，在寫下這章之前，筆先生特別回去複習高中物理，來做為基礎知識準備。

我想，無論是超能力、鬼神或是外星人，物理學界一直有一派的學者試著去證明它們的存在，像是在國內，台大校長李嗣涔便是這方面的先驅，只不過至今仍未有太大突破。我認為，現今物理學的科技尚未成熟到能夠捕捉觀察到那些現象，更別說用理論解釋了。所以在這裡，筆先生想用另一種方式，那就是透過靈學和物理學的對話來試圖探索真相，雖然這不能夠被科學驗證，但至少可以做為一種分享。在接下來的部分，我們就用幾個同時涉及物理學和靈學的有趣問題來討論吧！

靈魂的重量

前幾年曾經有一部電影，中文片名叫做靈魂的重量，原名為21grams，即二十一公克重，讓這個有趣的問題再度搬上檯面，引起熱烈討論。那靈魂究竟有重量嗎？關於這個問題，早在上世紀初科學界就開始進行過相關研究。

在一九〇七年，一位叫做鄧肯．麥克杜爾Duncan MacDougal的美國醫生曾做過一個實驗。他將六名瀕死病人安放在一個裝有靈敏計量裝置的床上，在死亡的瞬間麥克杜爾記下了病人體重的瞬間變化，藉以找出靈魂的重量。他認為靈魂若存在，很可能是一種有質量且佔空間的物質，所以他觀察了六個人的死亡過程，做了精密的記錄。讓人感到驚奇的是，在鄧肯醫生的六名瀕死病患中，有四名患者竟在死亡瞬間，身體突然喪失10～42克的重量。這個結果使我們發現，人在死亡的那瞬間，身體突然跑掉某些東西。而這些東西排除了水分蒸發因素，因為水分蒸發速率並不會突然有這麼劇烈的變化。

一九八七年，一位墨西哥心靈學家公布他在往生者身上，拍下死亡那瞬間的照片。照片中竟有白色的東西往上衝，就像是所謂靈魂出竅的景象，一度造成科學界的轟動。這位心靈學家認為那是叫做「靈魂素粒子」的物質，在人死亡後便會離開人體，之後失去靈魂的肉體便開始腐爛。而因為「靈魂素粒子」是物質，自然而然有其質量。

一九九六年，又有一批由各界菁英組成的靈魂學權威，對高達百位往生者的死亡瞬間進行更精密的重量測量。結果他們發現，在人類死亡的過程，水分和瓦斯會從人類的體內釋放出來，將這些因素扣除後，計算人體死前與死後的重量，赫然發現前後竟相差三十五克。而這個結果，竟和肉體的高矮胖瘦沒有太大關係，所以他們推論出那突然逸失的重量很有可能就是靈魂。

以上，筆者稍微舉幾個有名的研究案，相信還有更多關於靈魂重量的研究在。不過，我認為即使人確實會在死亡那瞬間體重忽然減輕個三十五克，也不能篤定那就是靈魂，這些學者也並未證明在那瞬間喪失的重量即靈魂。再加上還有樣本數嚴重不足的問題，所以不能夠算是嚴謹的科學實驗。

因此，在發問之前，筆先生雖然相信靈魂是存在的，但卻不認為它具有重量或質量。理由是，若靈魂真的為粒子且具有質量，以當今微觀科技所能觀察到的精細度（已能測出比電子還小的夸克淨質量）而言，這二十多克重的「靈魂物質」應該不難被掌控才對，而要捕捉靈魂自然也不是什麼難事。而假使如此，鬼神的組成也就和一般的粒子一樣，有質有量不再是無形，變得一點都不神秘了。可是，就目前的微觀科技發展來說，仍難以碰觸到無形界，這也是我堅信靈魂沒有質量的原因。

所以接下來，我便開門見山的請教L老師：「L老師，我想請問妳。就妳的觀察和體驗，靈魂具有重量嗎？」

L老師回答：「關於這點，我有親身觀察過，靈魂確實是有質量的。而且在我以前靈魂出竅的經驗裡，自己就有些親身體會。」

L老師的答案衝擊到原本在我腦中那些對靈魂的假想，我停頓了一分鐘，才又繼續問：「L老師妳也說靈魂有重量，所以代表鬼魂也受地心引力的影響囉？此外，應該不只靈魂有重量，三魂七魄都有吧？」

L老師回答：「是的，不單只有靈體，魂與魄都具有重量，在人死亡的那瞬間，不會和靈體同時離開肉體。另外，鬼魂有可能是靈或魂，祂們也會受到引力的影響，不過影響很小。」

我繼續問：「照妳這麼說，我依照中醫陰沉陽浮的原理，推論能量層次愈強或愈高的靈體，重量應該會愈輕，是不是這樣呢？」

L老師回答：「你說得沒錯。所以，一個人若心地善良，生前做了很多好事，會使他的靈魂比較輕清，在死後便往天堂飄去。而若是一個人思想污穢，無惡不作，會因為靈魂的濁重而沉淪到地獄裡頭，所以我們才用墮落來形容。因此不管什麼宗教都好，都希望靈魂能夠升天，而非往下墮落。神明的能量便是很強大的光體，祂們的靈體是很輕清的，而相對於神明，阿飄們就沉重多了。」

L老師繼續說：「至於我的體驗和觀察，我發現到愈是沉重的鬼魂，通常愈容易被慾念給束縛，而且移動速度很慢，整個面目也比較痛苦。但在天界可就完全不同了，幾乎只要心念一動，就可以快速地移動到想去的目的地。」

這讓我又想到一個尖銳的問題。就是曾經有一個科學家，對十五隻狗也同樣進行死亡那刻的重量觀察，結果發現狗不像人在死亡瞬間重量會有明顯變化，而幾乎沒有變動。那位科學家便以此驗證聖經所說的，只有人獨受上帝的厚愛，具有靈，而其他動物都沒有，可是又為何佛家主張眾生皆有靈呢？而若其他動物沒有靈，為何常常可見，小動物們會比我們人類對無形界還要來得有感應呢？

關於這個問題，L老師還是堅持眾生皆有靈的說法，理由是，就她無數次的觀察和體會是如此，沒什麼好證明的。當然，就科學實驗的嚴謹性來說，那個對十五隻狗進行測量的實驗可以說是十分的不嚴謹，甚至算不上是科學實驗。但除此之外，我還想找到更多有力論點來嘗試解釋基督教經典與佛教經典為何有這種根本主張的差異。

我並沒讀過聖經，但就在我尋找相關資料時，發現某個基督教文宣上說明，聖經中提到人同時具備靈、魂、體三者，其中靈為良心，是用來認識上帝的工具。魂則包括情感、意識、思維，體當然就是肉體。人同時擁有三者，因而為萬物之靈。而其他生命體，頂多只有魂和體。若依照這份文宣對靈的定義來看，其實基督教和佛教經典的主張並沒有什麼衝突在，只不過是大家對靈與魂的定義不同罷了。看來又是翻譯問題，害我花了這麼多時間下去找資料。（苦笑）

總結這個議題，也讓我聯想到高中物理所教的「光具有波粒二象性」這件事。光是波動還是粒子，這個重大問題就懸宕了三百年之久，直到愛因斯坦在一九〇五年完整解釋光電效應，把光假設為帶有能量的光子，才把這個問題給解決掉。

把光的這個特性連接到靈學來，其實不論東、西方也好，對神尊的描述都是強大光體的呈現，而這方面不只L老師，我相信很多通靈人也都曾見過這樣的神明，甚至坊間書籍就有不少拍到仙佛降駕的圖片總著強烈光輝。

這讓我想到神明也許是存在於另一個次元的高能量體，而在神尊跨越一個次元降駕到物質世界時，會以強大光體的方式呈現，當然也具備波粒二象性的特質，所以有很細微的質量和重量在。相較之下，鬼魂比起神明可就沉重多了。

回過頭來看，靈與魂魄在人死亡的瞬間會脫離肉體使人的重量忽然減輕，雖然我們可以觀察到人的重量起了變化，可是卻難以捕捉到靈魂，這又是為什麼呢？我推測其中的原因就在於，靈魂會在死亡瞬間衝出肉體並跑到另外一個空間，就像飛碟突然出沒那般。而因為所處空間不同，所以在過程中逸失成分難以被我們用現代科技所觀察和捕捉，是故只能測量到死亡瞬間所喪失的重量。而雖然這只是我的假想，但若以這個觀點來看，以上所提及的物理和靈學現象，都還算能夠圓滿解釋。當然，這個論點是否正確還得留待未來的子孫們來證明。

穿越時空

哆啦A夢是我小時候最愛看的卡通之一，在哆啦A夢的法寶中，我最想要得到的道具就是時光機。因為有了它，我就能回到過去修正自己曾經後悔的事，比方說去追真正喜歡的女生或是大學該念中醫系之類的。不過，筆先生並不想去未來，因為我覺得能夠預見的未來，無論結果是好或壞都會使人生變得黯淡無趣。而除了哆啦A夢以外，像七龍珠以及尋秦記等膾炙人口的大作也有穿越時空的橋段，當然更不用說那些科幻小說了，總之這也是個很有趣的議題。

回到正題，人究竟可以回到過去或到未來嗎？這個問題至今仍在科學界爭論不休。根據愛因斯坦的相對論，宇宙中沒有絕對的空間和時間，且時間與光有密切的相關性。基於此點，不少科學家致力於研究時光旅行的可能性。

例如享譽全球的澳洲天文和物理學家保羅．戴維斯（Paul Davies）就曾於二〇〇一出版《如何製造一部時間機器》一書，書中介紹如何在理論上建造回到過去或未來的機器。但也有一派的物理學家始終不認同這樣的想法，因為他們認為因果關係會被打亂。比方說「祖父悖論」的弔詭：若某時空旅行者回到過去並在祖父生下父親前加以殺害，那按照著時間巨輪走，他根本就不會被生下和存在於這世上，而這結果和現存的他是矛盾的。

至於往返未來也有類似的問題。若一個人能往返或至少能預知未來，得知幾天後某人會被火車撞死，並將這個未來將發生的事件告知當事人，若當事人採信了，以一個擁有自由意志的人來說，他可以選擇整天躲在家裡死也不出去，那是不是意味著未來不會發生呢？而這也將演變成多重未來，也就是既發生又不會發生的結果矛盾。

某些科學家也正對於這些「超心理現象」進行研究。像是在去年，美國著名心理學家Daryl Bem以及他的研究團隊已證實「某些人確實有預知未來的能力」，並發表在知名期刊上。而就文獻上來看，其實，世界各地都不乏這種關於能夠望穿未來的奇人異士記載，像唐朝的推背圖和劉伯溫的燒餅歌都是代表作。

筆先生在這裡想先把問題切成兩大塊來處理。一部分是科學界所熱烈討論的，也就是理論上能製造出時光機來穿越時空。但這時光機必須承載全人，包括肉身及靈魂，除了要有不下於光速的機器外，重點是裡頭的人體還得承受這種場的變化才行，難度是相當高的，所以直到現在仍只能停留在理論階段。另一部分簡單些，絕大多數號稱能夠往返或預知未來的人士都是屬於這種。那就是肉體不動，而是透過靈魂穿越時空或者是透過靈通接收來自未來的訊息。

接下來，我們就先以後者，也就是肉體不動而讓靈體穿越時空這部分來和L老師討論。我想，要是連這部分都難以達成，那同時要讓一個全人包括肉身和靈魂穿越時空，也就更不可能成立了。

「L老師，我知道妳能夠開天眼看見不同時空的運作狀況。那想請問妳是否有過靈體穿越時空的經驗？」關於第一個問題，我想直接拋出震撼彈。

「有的。包括過去和未來，我的靈體都曾經去過，而且不只一次。」沒想到L老師不假思索，神態自若的拋出這種凡人無法接受的回答。

我繼續問：「那好，請妳先講講回到過去的經驗吧！」

L老師回答：「在我童年的時候，曾有過消失的三個禮拜，我完全沒有任何記憶在。而且就只有那三週，在那段時間以外的前後我都記得一清二楚，這讓我感到很困惑。後來，我才突然想起，原來我在那段時間曾回到過去，並且在過去待上一陣子後才回到現世。」

還沒聽完L老師的話，我驚訝到連下巴快掉下來了。但是，我必須秉持著科學精神和理性思維，所以馬上又準備難題上膛。

我搶著發問：「等等，關於回到過去的妳，過去的鬼魂或是同樣存在於過去中妳的靈體能夠察覺得到妳的存在嗎？而且即使是靈體而已，同時在一個空間存在兩個相同的自己沒問題吧？」

L老師回答：「阿飄看得到我，而且會感到很詫異，但祂們並不會也不能夠打擾到我。至於過去的我也無法察覺到由現在回到過去的我，因為我們存在於不同空間。此外，我那由現在回到過去的靈體就只是在旁靜靜看著當時的自己或其他人在做什麼，並不能改變或影響任何事情的發生。」

這樣聽起來，靈體回到過去，是在另一個空間，而非人間，因此不能夠影響現世的運作，我繼續以這個問題來向L老師深入請教。

L老師回答：「沒錯，回到過去的我和人間是處在不同空間，所以他們無法察覺得到我的存在。而阿飄雖然能夠察覺到我的存在，但也無法影響到我，因為我和阿飄也是不同空間。」

我問：「那妳是怎樣回到現世的呢？」

L老師回答：「第一次我是被突然拉回過去的，回來也是天界的安排。但往後幾次我便先給自己的靈體設定好回來時間，時間到了就自動回到現世了。」

我笑著問：「那L老師有沒有遇過能用靈體的能力回到過去，但卻無法再回到現世的案例呀？」

L老師回答：「有啊！某些人雖然能夠回到過去，但他的靈卻有私心或是被強烈的執念給綁住，就會被鎖死在過去而回不來。譬如說你回到過去，見到你原本可以拯救的親人，卻因為當時的你未即時採取行動，而使他無法得救。你只要在那個空間中一直對這個結局懊悔不已，並想改變這個結局，就會因為這種執念而被鎖在過去回不來。」

我說：「我的天哪！這聽起來挺恐怖的。那這個回到過去的靈體在現世留下的身體怎麼辦呢？」

L老師說：「基本上會呈現失憶狀態，嚴重點的會因為外靈入侵而神智不清，甚至會突然生病而變成植物人。」

我繼續問：「那L老師是否曾經遇過不但能用靈體的能力回到過去，而且進而改變因果的人呢？」

L老師思索了一下然後回答：「這個我還沒遇過耶！基本上是不行的，因為會嚴重打亂因果律。可是預知未來進而改變現在的案例我倒是有見過，這個我待會再說明好了。」

以上，是關於回到過去的部分，真是十分的神奇。看來無形界的設定是，即便你的靈體有能力回到過去，也無法對過去進行任何修正，否則會破壞因果定律。有了這個規則後，「祖父悖論」的難題也就不會發生了。

接下來，我們討論預知未來的部分。

我問：「那麼L老師，一般能夠得知未來或其他空間訊息的奇人異士，他們是透過什麼管道取得這些訊息的呢？」

L老師回答：「有些是和無形界的朋友溝通而得到的訊息，但準確率卻不高，請鬼神報明牌的概念也是從這裡來的。有些則是透過自身的靈通去感知。此外還有一種是靈體直接從未來往返而得知未來狀況。」

我緊接著問：「我想L老師這三種經驗應該都具備。而我和讀者們特別好奇的部分是L老師往返未來的經驗，可以請妳分享一下嗎？」

L老師回答：「可以。像在我自己身上就常發生這件事，而且不只我有，我有一個姊妹也有，有時候一去可能就是十年後。」

我又露出驚奇的眼神，並且接著開砲：「那妳們這樣不會影響到因果嗎？例如說在未來看見下一期彩券的頭獎號碼，並在妳回到現在後，去簽下這組號碼來得到頭獎。」

L老師回答：「理論上是可以的。但我要先說明，能夠接到未來的訊息，本身就要能量；而能夠讓靈體往返未來的人不但更少，而且需要更多能量。若是要改變未來，這個人必須先有足夠的能量和福德，否則將面臨災厄。像你剛剛提出的做法，會把自己這輩子原本註定的福德先吃掉，甚至還會遭遇到一些惡果，因為這是破壞因果定律所必須付出的成本或代價。」

我接著問：「哲學上有一個著名的議題，那就是我若能預知明天的我將會被車撞，我將藉由我身為人所擁有的自由意志，採取死守在家中不出門的策略進而改變未來結果。要是這樣，未來豈不同時存在被車撞以及待在家不被車撞的我呢？這樣就理性上是矛盾的。」

L老師回答：「這是個好問題，就我所見過的狀況來說，這個惡果還是會發生，你終究是逃不過的。而在你採取這種行動試圖改變未來時，天界可能會讓發生時間改變，或者是用另一種形式的報應來發生在你身上。此外……」

我打斷L老師的話說：「好，問題就出在這裡。就算這個惡果仍然會以另一種形式實現，甚至照常發生好了。可是，由於我改變我的意志，從現在通往未來的過程軌跡也跟著改變，比如說，原本我什麼都不知道，但知道未來後我開始做預防措施。這樣一來，就算我仍然被撞，可是這中間的過程卻是改變了，而通往未來的時間演變過程改變也算是改變吧！」

L老師想了一會兒，然後回答我：「但即使通往未來的過程改變，該發生的因果還是一定會發生的。就像是被車撞這件事，可能就會用另外一種方式來呈現這個惡果。至於你提到的問題，我們必須先來思考，未來真的是實存的定局嗎？其實並不完全是。就像算命算得再準，準到你上哪間大學，哪一年結婚，升官，哪時候有生死大劫都一清二楚，也只是算出你生命中的某幾個關鍵點，也就是你先前種下的因，以致日後註定要嚐的那些果，而不可能把整個過程都像錄影帶放給你看。若是你能夠徹底改變自己，根本不需要預知未來，你的命自然就會產生變化並往好的方向走，跳脫算命師所算出的先天命定，像袁了凡便是個好例子。不過，人總是本性難移，所以這件事也並非容易的。」

聽完L老師的詳細講述後，我明白多了。我想，要同時解釋穿越時空的真實案例而又不違背因果定律，看來只有假設我們現在所處的時間點才是實存的，過去的時空不能改變，是既成的軌跡。而未來的時空是「先前因果預設的」概念，所以還是能夠改變，如此才有可能完善處理因果矛盾。因為，若是時間同時存在好幾個軸（過程）在跑，將把整個因果律給破壞掉，比如說我往返未來，並改變自己原本會下的決策，這樣將同時產生兩個以上實存的未來，是完全不合理的。

我繼續問：「喔，對了。L老師妳剛剛還沒講完，意圖擾亂因果還會有什麼後果呢？」

L老師回答：「若真的有人能夠預知未來，卻擾亂了因果，或是洩漏不該洩漏的天機，那意圖擾亂者以及跳脫原本既定因果的人將都會付出代價，因為他們違背了天律運作。像我曾經見過一個挺慘的案例，某人藉由能力讓自己的靈體穿越時空看到未來，結果他發現到好友將在一次意外中死亡。回到現在的他，趕緊告知那位好友這個訊息，而他的朋友也採信了，就真的躲過那次足以釀成人命的意外。但在之後，某人不但生了一場大病，而且他論及婚嫁的女友也在一次突如其來的意外中死去，以天界的規律來看，其實就是要他付出代價去抵擾亂因果這件事。」

我說：「喔，那他的朋友後來如何呢？」

L老師回答：「他那位朋友所必須遭遇的意外，原本就是他之前做過壞事所註定要嚐的惡果。如今雖被他暫時躲過，卻也在多活三年後暴斃而死，讓人不勝唏噓，因為該來的果報還是會來的，能夠即時改正心念和行為才是重要的。」

聽完這段話，還真覺得有點像電影「絕命終結站」的感覺。我想，該死的終究還是逃不過死神的掌心啊！

我問：「還有一個難題，若是我預先知道未來某日將有大災難發生，比如說九一一事件，而我力圖挽救那些罹難者的性命又算什麼呢？這算違背天律洩漏天機還是做了一件大功德呢？」

L老師想了一下然後回答：「關鍵就在於你的心念是否夠正，是否有私心在。不管是東方的神明還是西方的神明也好，基本上都是慈悲而愛人的。但你也要知道，有其果必有其因，在天界看來，沒有什麼災難是憑空而降的，所以也沒有什麼無辜受難的人。若你去救人純粹出自於無私的大愛，我想上天也不會忍心處罰你，而且功德也將遠大過違反天律的罪。但是，因果終究還是被亂了，所以你應該好好引領這些人去行善積德來彌補過去犯下的錯才對。」

最後，我把和L老師討論完的心得來個總結。

首先，有其因必有其果，不可能種下瓜卻長出豆來，我想大家絕對都同意這個論點。而為什麼會有算命卜卦來預知一個人的未來呢？這其實就是推出因果定律下所註定這輩子的先天命格。在因果定律下，欠人的債，不管你願不願意，總有一天還是會還的，這是註定好的。可是，生命的其他過程卻是由我們的自由意志在決定的。也因此，就算人有先天就註定的原罪、個性及環境背景在，要是你能在事情發生當下轉念，進而產生新的意志和行為，那整個命格可能就因此改變了。袁了凡先生的故事不正是在傳達我們這些道理嗎？

外星人存在與否

自古以來，無論東、西方，都不只有鬼神的記載，還有許多外星人的傳說。像是赫赫有名的羅斯威爾事件、神秘的麥田圖騰、古文明的記載以及某些超古代遺蹟等。知名的天文物理大師霍金，也在去年透過記錄片提出支持外星人存在論的理由，並且幾乎認同外星人是存在的說法。

雖然以我們現在的科技能力尚無法去證明他們存在，但至少，我們也不能夠否定外星人存在的這個可能性。就直觀來說，宇宙如此浩瀚，要說服人們整個宇宙就只有我們地球有生物而已，才真正是讓人難以置信的事情。

而我個人的想法是，外星人當然是存在的。而且，他們不但存在，科技還比我們地球人來得高，所以我們才無法觀察和掌握到他們的行蹤。而究竟通靈人會怎樣看待外星人是否存在這件事呢？對能夠感知甚至是穿梭於不同時空的L老師，有過和外星人碰頭的經驗嗎？以下便來進行我們的對話。

我說：「L老師，現在的我已經完全相信靈魂和鬼神是存在的。可是，外星人究竟存在嗎？我想請L老師分享妳的經驗和觀點。」

L老師回答：「毋庸置疑，外星人是存在的，只是以人類現在的科技來說，尚無法觀察到他們罷了。在我眼中的外星人，他們也是宇宙的一份子，只是和人類所處的空間不同，且同樣具有靈體而且擁有思維和意識。比較可怕的是，我所遇過的外星人在進化層次上幾乎都比我們人類還要高，無論是在能量方面、智慧或是靈格。而且外星人和我們人類的外觀相差很大，不同種的外星人彼此又有差異在。此外，他們通常存在於不同於人類所處的空間，這也是他們讓人們捉摸不定的主因之一。」

我說：「聽起來挺有意思的，可以請L老師描述一下他們的外觀嗎？」

L老師回答：「說到我第一次見到外星人的場面挺有趣的，那時候我把他們當成阿飄來溝通，結果後來才發現他們根本就不是阿飄，因為和阿飄們有很多差異在，比方說具有完整甚至是超越人類的心智及能量。後來我才想起，他們應該就是我們說的外星人。」

L老師繼續說：「就我所見，他們的頭很大，思考能力很強，有臉孔，可是卻沒有人類那般的五官和表情，而來自不同星系的外星人長相也有所差異，有些有觸角（訊號接收器），但有些卻沒有。他們的身體有點呈透明狀，而且沒有性別。此外，他們不怕人，不同星系的外星人也對這個地球有不同的目的，一般給我的感覺是他們在一旁觀察和研究人類的發展。而且再告訴你喔！他們其實常常造訪地球，而且一直觀察著地球演化，只是一般人和科技無法察覺而已。」

我說：「那外星人彼此間如何做溝通呢？」

L老師回答：「他們透過發出類似電波的訊號來傳遞彼此的想法，有點像我們人類所說的心電感應那樣，但以人類現在科技而言，尚不足以擷取這種波的訊號。此外，有些外星人甚至可以透過這種波來讀取一個人的心思和想法，而且不落痕跡。」

我眼睛張大：「哇！看來外星人還比阿飄來得可怕。說到阿飄，那阿飄看得到外星人嗎？而他們的互動又是如何呢？真讓人好奇啊！」

L老師回答：「外星人和鬼魂所處的空間不同，但偶爾能看到彼此。就我的觀察，在兩者相遇的情況下，通常是鬼魂對外星人感到畏懼。理由除了外星人長得比鬼魂還更奇怪外，外星人還擁有遠高過鬼魂的能量和智慧。」

我繼續問：「那外星人和我們的神明們相遇，又會是怎樣的場景呢？」

L老師回答：「這是個好問題。外星人確實和神尊們有過溝通和來往，而且他們並不在神明的管轄之下。應該說，他們是分屬於不同空間的，而這些空間的層次都高過人間。不過，他們也不太容易或者是具有意圖影響人類世界的因果。」

關於外星人的部分，我想就先到這裡就好了。因為在這之前，筆先生對於外星人議題並沒有足夠的相關知識涉獵。不過我相信，人類總有一天一定會接觸到外星人的。但在這之前，我們可要先好好愛護我們可愛的地球啊！可不能在他們面前鬧笑話。

靈學VS醫學

在人類文明曙光乍現之時，醫療被歸類於巫師的專業工作，這種情形在世界上各個文明起源的角落皆然。而現在的我們以科學思維再來看待這件事，會理所當然的認為巫術治病的思維只是種迷信，然而，真的全然只是迷信嗎？

在此，筆先生有兩個疑問可以請各位讀者先思考。首先，若透過法術或祝禱的方式治病全然無效，又為何能夠延續數千年到了科學昌明的現代，坊間還是到處存在著靈療以及願意相信的信眾呢？別忘了現代醫學也才不過三百年而已。此外，為何原始醫療總是被視為處理鬼神之事的巫師工作，且在各地皆然呢？

我想，醫學，絕對不只是西醫所觀察到的那些病理過程而已。果真如此，憑著現代西醫如此微觀和先進的技術，世上的病人早該消除了泰半了。可是眾所皆見，病患人數並沒有隨著醫療科技的發達而減少，而人類也沒有從西醫中得到更佳的生命品質。由此可見，這絕對表示還存在著西醫所看不見的健康因素，而且還是不小的範疇。雖然筆先生不敢就此下定論強調無形面的靈學和醫學應為一體，但至少我敢說，靈學和醫學確實存在著某種程度的關聯。

總之，在接下來的這個部分，我將提供讀者另一種觀點來看待與思考健康問題。我希望大家在看完後能夠建立一個觀念，那就是健康可不只有肉體層面，還包括無形層面的健康，這可以是能量、情緒或者是靈魂等形而上層次的。這樣一來，很多莫名其妙的病也許就能夠因此而有所解了。此外，我也希望迷信靈療的民眾，能建立起靈學以及醫學的正向觀念。真的有病，還是應當優先找可以信賴的醫生來處理才是。

純粹的鬼神病於此我們就先不談，以下我們便先透過靈學的觀點來看幾種現代醫學難解的問題。

憂鬱症

隨著時代進步，憂鬱症的人口卻不斷攀升而創新高。關於形成主因，我想大家都知道是現代社會的高度競爭環境，壓力大到讓人無法適應所造成的。雖然大家都知道有這些環境因子在，但現代醫學卻無有效方法來治癒這種病。其治療手法主要有兩種：藥物治療和心理諮商。藥物治療號稱能幫助大腦神經機能恢復，實則只是暫時阻斷神經系統的運作罷了，是在欺騙大腦。所以才有一堆患者沒吃藥倒還好，吃了藥之後不是進精神病院就是自殺，因為光服這些藥根本就不能治本。而關於心理治療確實有其貢獻在，我認為關鍵就在於協助病患改變負面思維和行為，進而使正面能量能夠重新注入在肉體上，逐漸康復。不過心理治療也沒有讓大多數的憂鬱症病患就此康復，還有很多患者在做完治療後仍陷於陰霾中。

那為什麼西醫無法治好憂鬱症的患者呢？問題就在於，現代醫學還不能夠理解憂鬱症形成的真正原因，而且他們也難以觀察患者身上的能量變化。因此，關於憂鬱症的治療出現許多中、西醫以外的第三類療法，這也正是現代醫學無法妥善處理的最佳證明。在下面我們就用靈學來提供關於憂鬱症的另一種觀點。

我問：「L老師，就現代醫學的說法，造成憂鬱症的原因主要是患者的心理層面出了問題，進而影響行為和生理機能，真的是這麼單純嗎？」

L老師說：「我認為，憂鬱症患者的心理因素當然出現了問題，但這也只是一個結果，並不是真正的幕後黑手。而那個幕後黑手，除了現代社會高度緊張的環境因子外，就屬患者的靈魂生病最多了。像我常常會見到憂鬱症患者身後有好幾個外靈對本體進行干擾，這些阿飄將會影響患者的思維、情緒和行為，導致他們情緒陷入低潮甚至是做出一般人無法理解的事情。」

我問：「L老師可以實際舉一個妳遇過的案例嗎？」

L老師回答：「在我國中的時候，班上有一個家庭環境和人緣都還不錯的同學。可是當時我卻看到他被一個怨念很強的冤親債主給找到，結果那段時間他突然變得動不動想自殺來結束生命，而且每次都是玩真的。家人和師長都無法理解這樣一個無憂無慮的小孩怎麼會出現這種問題，而心理諮商也沒用，最後這位同學還是跳樓身亡了。之後我才發現，原來是因為他累世害人太多，才會造成這麼強烈的怨念干擾。唉，可惜當時的我救不了他！」

我問：「那又為何憂鬱症的病患常常會陷入負面思考循環而難以自拔呢？」

L老師回答：「這些憂鬱症病患通常是冤親債主找上門來居多，所以不像卡陰來得容易驅散。這些冤親債主在無形層面將干擾患者的靈魂，使他們的思考變得負面，在這種負面情緒下，慢慢也會使身體狀況出現問題，而當身心能量都變虛弱時，又進而會吸引更多的阿飄進來干擾，如此又會使患者的意志更加負面和消沉，陷入惡性循環中。所以我認為心理治療絕對有幫助，理由是能夠幫助患者轉換回正向的心念和情緒。但在實務上要真正做到這點，進而使患者跳脫這種惡性循環，是很不容易的。」

我問：「那除了中、西醫的療法，就靈學角度而言，有什麼方法可以幫助這些病人解套嗎？」

L老師回答：「還是那句話，改變自己的心念，多多行善積德來幫助別人吧！在我們幫助別人後，心裡頭不是會得到一種幸福感嗎？這種回饋就可以幫助這些病患轉念，並且注入正面能量。此外，行善所積的福德也能得到無形界的幫忙而漸漸將累積的宿怨化解，讓患者走出這種難以言喻的陰霾。」

強迫症

強迫症，也是精神官能症的代表疾病之一。患者會陷入一種無意義且令人沮喪的重複想法與行為當中，但卻又一直無法擺脫這種執念。像是一直認為手很髒而想洗手、一直想買東西或對某些事物極沒安全感……等。現代醫學在這方面的治療也是成效不彰，以下我們便來討論這個問題。

我問：「L老師，妳有遇過強迫症的病患嗎？妳在他們的無形層面上看見了什麼呢？」

L老師回答：「就我遇過的幾個案例來說，我看到的是一群冤親債主壓迫著患者本身的靈體，並要脅他們若不重複做這些無意義的動作就會對他們施加報復。雖然肉體本身無法察覺，但靈體在受到這些壓迫之後，會產生很強烈的恐懼感和執著，接著便下意識地驅使肉體不斷重複這些動作。」

我問：「那強迫症的狀況和憂鬱症差在哪呢？」

L老師回答：「我想，這只是冤親債主討報的手段不太一樣而已。強迫症的冤親債主主要是透過這種方式來折磨患者的精神，使患者心理受到創傷和自卑感。」

我問：「可以請L老師就這部分舉個例子嗎？」

L老師回答：「好的，在我年輕的時候，曾經路過你們台大附近那間台一冰品。

那時候我看到一對老夫妻，開著名車並停放在附近，接著他們並沒有下車，夫妻倆一直反覆擦拭著方向盤和車門把手，直到我逛完街回來還是如此，結果他們整整在那重複了好幾個小時的動作。」

L老師繼續說：「後來我才收到訊號，原來，那對夫妻有共業在，而且被一大群冤親債主跟著。他們的靈體受到脅迫而且感到十分畏懼，所以只能命令肉體不斷進行那些無意義的動作。」

我問：「那關於強迫症，L老師能否提供一些改善方法給大家參考呢？」

L老師說：「這和憂鬱症差不多，都是以冤親債主的問題為主。所以原則上還是必須透過於內修養心性以及於外行善積德來迴向給那些債主，然後轉化自己的負面心念為正向，如此必能有所改善。」

多重人格

關於多重人格的形成原因和治療方法，是連現代醫學都難以碰觸的難題。在這之中，最有名的案例便是發生在美國的「二十四個比利」。主角比利為核心人格，而在比利體內竟有著包含自己在內，一共有二十四種不同人格。他們彼此的年齡、職業、智商、性別、國籍都不同，而且擁有截然不同的思維和行為模式，讓人感到十分不可思議。

其中，比利的某個人格曾經犯下連續強暴的重罪，但比利本人卻毫無記憶。而因為他是一位確定的人格分裂患者，並在幾位精神科醫師及心理專家的共同宣誓證明下，在美國司法史上破天荒的獲判無罪。

關於這個議題，我想所謂的科學衛道人士應該也提不出什麼合理的論點來說明這種現象了。會出現這種情況，顯而易見的已經超過肉體的層次，是患者的心靈層次出現了問題。只可惜，這部分我們無法觀察，頂多就是覺得不可思議罷了。但秉著追根究柢的精神，筆先生認為之所以會如此必定有其因，即使現代科學尚未能解釋。以下我們便試著用靈學觀點來看待這件事。

我問：「L老師，我想請問妳，關於多重人格症的患者，就妳的觀察和瞭解，他們的靈魂究竟出了什麼問題呢？」

L老師回答：「雖然這在肉體上觀察不出來，頂多就是發現患者的大腦和神經傳遞出現問題，但其實這在靈體層面上的問題算挺嚴重的。通常會出現多重人格，代表在患者身上同時有很多怨念很強的冤親債主想對這個肉體進行干擾甚至是佔有。」

我問：「那不同的冤親債主彼此間如何互動呢？」

L老師回答：「祂們有時候會互相衝突，有時候也會互相溝通，而一般情形是相安無事的。所以當不同人格彼此衝突同時，會見到患者露出難受的表情。」

我問：「像比利這種患者，其犯行根本並非本人的意志。在文明國家的法律判決上通常是從輕量刑甚至是無罪，但這樣真的符合正義嗎？而天界又是怎樣看待這件事呢？」

L老師回答：「殺人的靈和肉體的本靈都有罪過，也都要為其所鑄下的因果負責。

因為會把你自己弄到人格分裂，本靈自己也有責任在，所以也必須扛下因果，受害者會同時對這兩者進行討報。只是關於這部分，人間的法官看不出來，而現代醫學又無法準確解釋，所以在法律上就只能從輕量刑。」

我最後問：「總結以上這些精神官能症疾患，包括憂鬱症、強迫症和多重人格等，明顯可見，現代西醫尚無法做出有效治療。那坊間號稱能以靈療或是宗教儀式來解決這些無形疾病的通靈人，是否可信呢？」

L老師回答：「我們先預設為『有能力且正派』的通靈人士幫助的大前提，因為假使是神棍的話就啥也別談了。靈療的作用在於修復靈體磁場和魂魄這些看不見的無形健康，是恢復心靈能量的治療，所以並沒有直接解決無形問題。而用宗教儀式比方說超渡、祭改、除煞等，會有短暫性的治標效果。為何說是短暫呢？像超渡儀式只是使冤親債主暫時遠離，而不是直接消失，畢竟投胎也是要排隊而不是想去就去的。這段期間內，祂們便會減少干擾並在遠處繼續觀察你的行為。所以，若你只想靠花錢消災而不想改變自己，冤親債主終究還是會回到你身上的，甚至變本加厲。想要真正治本，還是需要患者本身改變自己的心念和行為，多積德行善才是正道，因此關鍵還是在自己的那顆心。」

看來，我和L老師都有共識，那就是生病了當然要先去看醫生，而絕對不是四處去求神問卜。至於眾醫莫解的無形病也應該訴諸心靈上的治療，並找到正派人士，絕不要一味的花大錢辨科儀，被那些想斂財的通靈人牽著走，弄到最後健康和錢財兩失啊！

最後，給各位讀者小小叮嚀，若您日後也遇到生命中難解的困惑時，可以試著朝宗教和心靈層面上去尋找答案，但在這過程中要記得用智慧來面對一切，而且凡事要冷靜和三思！畢竟人在這種無助的狀況下，是最容易被不肖人士趁虛而入的，這也是社會上屢見不鮮的宗教詐騙案件主因。望切記！

睡眠障礙與鬼壓身

根據美國研究指出，將近五成的民眾在一生中都曾遭遇過睡眠神經癱瘓的情境。就西醫的說法，睡眠神經癱瘓是指患者因為睡眠品質不佳，大腦從睡眠狀態醒來運作時，未能即時和身體連結上，導致身體與大腦不協調的情形，使人呈現意識雖已復甦，身體卻還不能動的尷尬狀態。

關於睡眠癱瘓症，筆先生因為生病而有過數百次的體驗。那種醒來卻只有意識，想動卻完全無法動彈，也不能開口說話的感覺實在很可怕，總讓我在好不容易爬起來時仍心有餘悸。若是棉被壓著鼻子就更麻煩了，因為身體完全不受控制，將連呼吸都會有困難。而醫學上的睡眠癱瘓症等同於民間鬼壓身的說法嗎？在這數百次的體驗中，我可以很明確地說根本就沒有什麼阿飄壓我，只是自己因為勞累以致於睡眠品質不佳罷了，而這種情況也隨著我的健康狀況漸漸恢復而消失。

西醫斥民間「鬼壓身」的說法為迷信，並把這類病人全部歸類於睡眠障礙的範疇中，試圖把所有事情都給「科學化」。在這部分，我同意像我這樣的體驗確實只是單純的睡眠障礙。可是，在坊間流傳或是許多病友的分享中，卻有很多真正遭到鬼壓身的案例。患者主訴會明顯感受到有不明物體壓在身上，甚至直接看見無形界的朋友或聽見祂們的聲音。雖然不同人有不同體驗，卻都描述地繪聲繪影，完全不像在騙人。在這部分來說，不要說L老師了，就連我的家人在日本旅行時也曾親身體會過真正鬼壓身的感覺。這不禁讓我懷疑，這些人難道純粹只是生理上的睡眠障礙嗎？

許多宮廟人士把睡眠障礙一概以無形界的干擾或鬼壓身而論，而西醫則是把有幻聽和幻覺的鬼壓身全劃入睡眠神經癱瘓症來做治療。但筆先生認為兩方認知都失之偏頗。我在想，也許睡眠障礙和真正的鬼壓身根本就是不同成因的兩碼子事，前者主要是生理因素，後者則真的是無形層面出了問題，而兩者的症狀呈現有多處相似，所以才會讓人混為一談。以下我們便來請教L老師的靈學觀點。

我問：「L老師，請問妳會怎樣來看待鬼壓身的說法呢？真的都是無形界的朋友在作祟嗎？可是我怎麼從來都沒碰見過鬼。」

L老師回答：「就我的觀察，不一定真的都有鬼壓在患者身上。比較多的情況是在你睡眠時，靈體暫時離開肉體活動，可是卻因為肉體的健康因素，使靈體雖然回來了，卻一時無法和肉體相接。還有一種情況是靈體回身時與魂魄『對衝』到，使能量暫時無法重新集中回肉體上。關於以上的情況，睡眠障礙症和真正的鬼壓床都可能出現，所以一般人才會把它們搞混在一起。」

我問：「那真正的鬼壓床是怎樣呈現呢？可否請L老師舉個例子。」

L老師回答：「好。在我小學的時候，就真正看過一個大人被鬼壓。那個大人躺在床上睡午覺，可是他的冤親債主在這個時候剛好找到他，準備對他討報。那個冤親債主便壓在他身上並掐住他的脖子，想讓他不能呼吸。我見到那個人雖然仍在睡夢中，但呼吸突然變得短而急促，而且表情變得很痛苦，不斷掙扎。不過，在他醒來後並沒有意識到有鬼壓身，以為只是純粹做噩夢而已，所以我也就沒告訴他這件事了。」

L老師又說：「總之，就我的觀察而言，睡眠神經癱瘓症通常是發生在身體狀況比較不好的人身上，導致靈體因為能量不足的因素無法順利和肉體在醒來時接上，可說是以肉體健康為主因。而真正的鬼壓身，比較常見的原因是冤親債主的討報，偶爾也會有被打擾的外靈進行干擾。外來的鬼魂對本人靈體進行干擾，不但會使肉體和靈體無法順利相接，有時鬼魂也會把祂的意念透過對患者的干擾，投射在患者的意識或夢境中，表示警告，因此會產生所謂的幻覺或幻聽。託夢也是類似的情況，其實那些都是無形界傳達訊息的方式。」

我問：「睡眠神經癱瘓症，就我豐富的經驗來說，在發生當下應該要保持冷靜，讓身體慢慢恢復。而且不能在起床後又睡回籠覺，否則極有可能會引發又一次的神經癱瘓。那對於真正的鬼壓身，L老師有什麼建議的應對方法呢？」

L老師回答：「我會建議真正感覺到鬼壓身的人，先把當下的心情給調平和，絕對不要慌亂，並且用懺悔和禱告的心念來緩解對方急於討報的意念。而在事後，我還是那句話，多做善事積福德。」

關於植物人

植物人，是指因為某種強大傷害而造成大腦失去意識的患者。他們卻仍有部分生命機能在，比方說睡眠、心跳和反射動作。植物人因失去自主意識，所以需要他人的持續照顧才能夠維持生命。西醫對植物人病患幾乎只能透過醫療科技來勉強維持其肉體生命，但卻沒有辦法讓這些病患回復意識，龐大且長期的醫療開支也常成為家庭的負擔。可是在坊間卻仍有一些植物人病患在親友的悉心照顧下，奇蹟似地恢復意識，甚至能夠說話或是自理生活。因為這些康復案例總是讓西醫難以理解，所以稱之為奇蹟。

要用靈學思考這些問題，首先我們必須先來談談意識與靈魂的關係。

在中國幾千年的文明中，始終認為人的意識出處是心而非腦。這可以從太多成語或用詞中發現，比方說用心做事（而非用腦）、心力交瘁（而不是腦力交瘁）、心領神會（而不是腦去領會）、心即理等。可是，西方人對於這種說法常常不能理解，不懂那顆在左胸「怦怦跳的心臟」為何能思考，並用以譏笑中國人的不科學。

其實，早在兩千多年前的中國，黃帝內經就已有解剖學的經驗和概念，他們也知道位於左胸的心以及大腦的主要功能（其實這很明顯，就算我們是原始人，也可以很直接地意識到是頭腦在做思考）。即便如此，為何古人仍堅持把真正主宰意識和思考的功能歸於心呢？

在我學了中醫後才發現，原來中國人的心並不只是肉體層面的那顆心臟。還包括看不見的存在，也就是形而上的心，主宰了人的意識和思維。這在中醫經典中有所闡述，比方說內經《素問》中就已經提到：心者，君主之官也，神明出焉。又說：膻中者，臣使之官，喜樂出焉。那膻中是什麼呢？內經《靈樞》則補充解釋：膻中者，心主之宮城也。

此外，五臟六腑對應到十二正經，在中醫理論中的十二正經中卻同時存在著手少陰心經和手厥陰心包經，那究竟誰才是真正對應到心臟呢？其實兩者皆是。這個心包經，就是對應到內經的膻中者，是心之宮城，也就是肉體層次的心，靈魂層次的心便寄託於此。五臟六腑對應十二正經而缺一，正是因為十二正經把心拆成肉體和靈魂上的功能，當手少陰心經（靈魂的心）和手厥陰心包經（肉體的心）合而為一後，便是五臟中的心臟了。

原來，中國人的心分成維持肉體生命功能的心包以及靈魂上功能的心經，而二心本為一體。那常有人這樣質疑：「中醫說心不受邪，由心包代之。難道現在處處可見的心臟病患者是假的嗎？」根據以上想法，其實我們可以發現中醫理論根本沒錯，這是因為中醫的心包絡才是西醫定義的心臟病患部所在。

由此，我們也可以看到很多有名的催眠案例，被催眠者進入潛意識狀態後竟然回想起前世記憶，這些這輩子大腦不可能記錄的東西，而且還言之鑿鑿，更有不少經查證完全屬實者。這些案例是以腦和神經為主體的現今科學完全無法解釋的，但倘若假設人擁有靈魂的心，並真正主宰著思維和記憶，那就得以解釋了。

同樣的問題也發生在某些換心的病人身上，不少病人竟在換心後個性有所改變，比方說飲食偏好或是興趣，並且會趨向捐心者。西方科學家又開始提出細胞有記憶功能來試圖做出解釋，可是並不圓滿。這其實都是因為心的功能還不能夠被現代科學給觀察透徹，尚有一部分形而上的存在，是現代科學所不及的。而這也正好暴露吾人尚有很多無法觀察到的現象和道理，必須對真理和自然保持謙卑才是。

由此看來，也許靈魂上的心才是思維和情緒的真正主宰，大腦和神經只不過是負責接收命令和進行處理的器官，並非思想的源頭。以上，不知道筆先生這樣的敘述會不會太難理解，真是對讀者感到不好意思。但我認為有了這個概念再回來思考植物人的無形病理也會明朗些。

接下來我問：「請問L老師有遇過植物人病患嗎？就妳看來，他們的靈魂層面是不是出了什麼問題呢？」

L老師回答：「我有見過一次。那是一位因為車禍而變成植物人的朋友，當我見到他時，他的靈體早已不在了，我想應該是去投胎了。一般而言，植物人的呈現就我們看來是因為靈體受到衝擊而離開本體，通常本人只剩一魂或一魄在，所以雖然失去了意識，但還能夠讓生命機能得以持續。因為真正的死亡是一靈三魂七魄同時從肉身中散去的。」

我繼續問：「那為何有些植物人會甦醒過來呢？」

L老師回答：「那就代表靈體得以回到身上了。比較好的情況是本靈回歸，這通常是患者在世時有積德或是尚有人界的任務未完成。比較不好的情況，是外靈藉機入侵並佔有肉體的結果，所以甦醒後性格會改變，智能也可能大減。」

L老師繼續說：「隨著靈體離開肉體的時間愈久，也就愈難回到身體上，原因是因為肉體會因為失去靈體主宰而受傷。此外，靈體也會和肉體有銜接上的困難。」

我問：「那植物人和精神病患在無形層面上的問題有何不同？」

L老師回答：「精神病患的本靈還在，但常常見到的情況是魂飛魄散，而且受到外靈嚴重干擾。所以，精神病患雖然仍有意識在，但卻因為被無形干擾而使心智產生扭曲，這和植物人病患不太相同。」

總結以上，用中醫和靈學觀點再回來看植物人，可以發現植物人病患已經暫時失去主宰思維和意識那塊「心」的功能了，也可以說是本靈。而這部分是現代醫學所無法觀察的，也難怪他們只能讓病患苦等奇蹟出現。所以，我真希望有一天，現代醫學能夠吸取中醫在形而上健康的長處，讓這些重症病患也能燃起康復的希望。

靈學實用概念

關於靈學的領域，不但是不可思議而且是相當廣闊的，我想窮盡畢生的心力也必定寫不完。所以，最後的這一章，筆先生和L老師想就生活上一些常見的靈學問題來和大家做分享與探討。希望大家看完以後，在面對無形界或宗教界的事物時，能做為參考與反思之用，避免落入迷信之中。

Q1：吃素的疑惑

現在有愈來愈多的人吃素，其中有些人吃素為了健康，有些人是為了環保，有些人則為了恪守教規。那就靈學的觀點，吃素具有什麼無形的意義呢？以下便請L老師和我們分享。

我問：「L老師妳一直勸人能吃素就吃素，可是妳又說過，植物也有生命，也有靈性在。那既然植物也有生命，那我們全吃植物不也是在殺生嗎？」

L老師回答：「這是個相當好的問題，自從我茹素後，也有過這個疑惑，並也曾向我的老師請教過這個問題。基本上，植物也有靈，但它們的靈格層次可以說是最低的，不但沒有知覺和意識在，而且它們也不需要經過輪迴。所以人類基於生理需求把植物吃下去，對它們幾乎不會產生負面影響。反過來看，靈格愈高的生物，你殺害牠們所產生的負面能量也就愈強。這些無形的怨念都將不斷累積在人的無形層面上，進而對人們產生各種影響，只是常人難以看出罷了。萬物皆有其天年，肆意終結其他生命，就有罪過在。」

我繼續提出尖銳問題：「那像獅子這種肉食性動物，為了讓自己生存下去，天生就只能吃肉，那這樣有沒有罪過呢？」

L老師回答：「當然這樣也有殺業在，但比人類吃葷來得小。因為牠們是不得已而得獵食其他動物，而人類有吃素的選擇權在。此外，肉食性動物獵殺的往往是老弱的獵物，遵照著大自然的規律在運作。可是人們連幼小和青壯的動物也不放過，是違反大自然生生不息原則的。」

我繼續問：「既然吃葷或殺生有罪過，那為何上帝造人不一開始就設定人類只能吃素，就像牛、羊那樣，而為何要讓人也具備吃葷的慾望呢？」

L老師回答：「這也是個好問題，我自己也曾向我的仙佛老師請教過。可是關於這個問題祂們並沒有明確地給我答案，真是抱歉。」很可惜沒能得到答案。就我個人推測來說，也許上帝透過讓人類這種高等生物具有吃葷和吃素的選擇權，讓人們能選擇自己要吃什麼，以考驗人們的心性吧！

我繼續問：「佛家說肉體只是一個軀殼。那關於自然死去的生物，我們人類使用或者食用會產生不良的無形影響嗎？」

L老師回答：「雖然這不比殺生所帶來的罪過，但還是會有業在。絕大部分的人類在往生後都會重視他們肉身或骨灰的處理和保存。將心比心，你會希望見到往生後有人蹧蹋你生前的肉體嗎？即使這個肉體對你已無任何用處。同理，牠們在往生後，你動到牠們生前的軀殼，對牠們來說也是種不敬。所以不只是人類，動物也會在意這個。」

最後我想問：「吃素這件事，有助於功德累積嗎？」

L老師明快的回答：「沒有功德。不過因為沒有吃肉的業障和怨念在，所以靈體會比較輕清。這樣對靈體來說，是比較舒服自在的。我小時候也是吃葷的，再加上我有通靈的體質，所以對此有相當的體會。就像我發現自從吃素以後，靈體在無形界的靈敏度提高，可以行動得更快。而現在叫我回去吃葷，我不但吃了想吐，而且還會全身起疹子，相當奇妙！」

語畢，腦中突然閃過一件事使我眼睛為之一亮。所謂的冤親債主，可能是人的靈魂，也有可能是動物的靈魂來討報，小至螞蟻，大到禽獸都有相關的故事在。可是，我看過這麼多書倒還沒有見過植物靈也來討報的，也沒有聽說過茹素者因為「殘害」了太多植物，而必須下地獄受罰。我想這也許能做為「植物雖也有靈，但吃素和殺生吃葷結果大不同」的另一種佐證吧！

Q2：拜拜供品比較容易壞？

坊間盛傳，拜拜的供品比較容易壞，特別是用來祭拜好兄弟的供品。這是真的嗎？以下就讓我們來探討。

我問：「L老師我想請教妳，好兄弟會吃供品嗎？應該這麼說吧！拜拜的供品真的會因為被祂們『吃過』而受到影響嗎？」

L老師回答：「這個確實會喔！特別是在普渡的那個月份。坊間會用科學的解釋說這是因為農曆七月正是一年當中最熱的時候，所以食物比較容易腐敗，這當然是原因之一。但就我的無形觀察，並不只有這個因素。其實，好兄弟們真的會受到無形氣味的吸引而靠近供品，否則我們祭祀鬼神又何必大費周章地準備供品呢？所以說這個規矩是有其道理在的。而好兄弟當然不會真的吃掉供品，像我看到的景象是祂們會不斷靠近供品來吸取能量。所以說，拜完的供品雖然在外觀上不變，可是這些供品在無形或者說是能量層次，卻產生了變化，只不過這是一般人所無法觀察的。」

我繼續問：「喔，好像挺有道理的。那對好兄弟來說，吃供品有什麼實質上的幫助嗎？」

L老師回答：「正如同燒紙錢的概念，祂們沒有肉體，所以這些供品對祂們而言並沒有什麼實質幫助。但是，祂們在食用供品當下會有慾望得到滿足的感覺，對阿飄來說算是一件開心的事，雖然說這種快樂很短暫。」

我問：「那用來祭拜神明的供品呢？神明用正面能量加持過的供品應該可以更耐久吧？」

L老師回答：「拜過神明的也一樣，因為食物的能量結構被改變，所以還是比較容易壞，不過比拜好兄弟的供品還慢些。此外，不同的是，神明在接收到信徒的誠心時，會附加祂的正面能量在供品上。而被正神加持過的供品，基本上對人的無形層面多少有些幫助。」

我說：「說到這裡，像我這樣的凡人倒也有過幾次體驗。比如說拜過神明的水果，總是有一種淡淡的芳香在，吃起來也特別香甜。這種感覺就像是自來水和山泉水平平都是水，可是山泉水嚐起來卻比較香甜，而且喝了還會帶來精神和活力。我想這可不是因為山泉水多了些礦物質就能解釋的，看來這些非生命物質的能量層面，也會被無形界所影響。」

L老師說：「最後我再補充一些觀念，基本上正神是不吃葷的，只有好兄弟才會吃那些祭祀用的牲畜。另外，我建議體質比較虛弱，或是比較敏感的人，盡量不要吃拜過好兄弟的供品，而神明加持過的則沒有這個顧忌。」

Q3：如何提高擲筊的準度？

擲筊是道教向無形界問事的一種方式，普遍流傳於傳統華人社會中。在科學昌明的現代，很多知識分子認為擲筊只是求個心安罷了，而擲筊的結果是很單純的機率問題。以前的我也是這麼認為，但倘若擲筊純粹只是個求心安的方式，為何會有這麼多靈驗的傳聞在，甚至連講求科學辦案的警界也會在無破案頭緒時求助於無形界呢？而擲筊又為何能夠普遍流傳至今而不衰呢？看來箇中道理並非單單只有機率這麼簡單，以下就讓我們來問個明白。

我問：「L老師，我想請教妳，擲筊的可信度或準確度大概有多少呢？」

L老師回答：「原則上是從百分之五十開始起跳。」

我驚訝地問：「可信度只有一半，那還用得著擲筊嗎？我隨便拿銅板亂扔，也幾乎是百分之五十的機率啊！何必擲什麼筊呢？」

L老師回答：「關鍵就在這裡，在你不懂擲筊的方法時，就只有單純的機率因素在，所以是百分之五十左右。也就是說，擲筊的方法不對時，擲筊是沒有任何實質意義的。」

我問：「好，那想請教L老師，怎樣才算得上是正確的擲筊方法，而要如何才能提高擲筊的準確度呢？」

L老師回答：「方法對了，準確度自然提高。首先，把心給靜下來，不要有太多罣礙在。然後清楚報出自己的名字、生辰八字、地址以及所為何事，並誠心地準備發問。一般而言，第一個問題會先問主事神尊是否在場，要擲到連續三次聖筊才算。若是神尊根本就不在場，那再怎樣擲也都是無意義的。像我就好幾次看過神尊不在場，然後信徒不斷地擲筊都毫無結果。此外，不同神尊各司其職，各有所長，最好是能問對神明。」

我插話說：「我曾看過一些通靈人的書，他們說在場的其他鬼魂也有可能影響擲筊的結果。甚至於，有些通靈人士可以透過心念或是法力來影響擲筊的結果。想請問L老師，以上這兩個變因都存在嗎？」

L老師回答：「我正想提到這個，這兩樣變因是存在的。在場的其他好兄弟甚至是人的靈體都有可能去干擾擲筊的結果，其中也包括某些能力比較高的通靈人士。像我就曾經見過一個愛財的宮廟人士，雖然見到來求助的香客無形問題一堆，可是他查出對方家境並不好，所以不想幫這位客人辦事，因為賺不到什麼錢。因此，便藉由讓他擲筊問神明旨意的過程，暗中用念力影響結果，使他擲了一個多小時還是沒杯，最後那位香客只能摸摸鼻子下山另求幫助。此外，一般好兄弟或是冤親債主的干擾也是很常見的。」

我：「那要怎樣去避免這些干擾呢？」

L老師回答：「若神尊在場，先誠心請神尊暫時支開這些干擾的因素。如果神尊同意了，再繼續問事。如果能夠做到這一點，我認為擲筊的準確度可以從五成提高到八成以上。不過我還是要回過頭來強調一件事，人的實際付出和努力才是最重要的，不能一直想靠擲筊來決定自己的未來。」

我邊問邊笑的說：「最後再讓我補問一個問題。請問這幾年新興的網路擲筊有用嗎？」

L老師回答：「基本上沒有任何實質意義。為何呢？光神尊是否『正在線上』可能就是個大哉問，更不要說我剛剛提的那些注意事項。不過，若是這樣能夠讓忙碌的上班族或是『宅信徒』求得心安，倒也是有點小用。」

語畢，我和L老師都笑了起來。

Q4：神奇的收驚

收驚儀式，在台灣相當常見。而收驚不僅僅只是道教儀式，在現代社會中，更已成為普遍的傳統民俗療法，和宗教層次漸漸脫鉤。

關於收驚，小時候就曾聽媽媽和祖母提過，當筆先生還在襁褓時，就曾經因為無端哭鬧而收過幾次驚，結果還真的就不哭了，頗有神效。而在中學時代，筆先生選擇信仰科學，成為道地的鐵齒學生。但唯一讓筆先生想不透的，便是所謂的收驚為何會有效？也許有人會用心理學的角度來解釋，說那是因為在收驚的過程中，心理或精神得到安慰的結果，所以收驚可以看作是一種傳統的心理治療。但殊不知癥結點就在此。我們用心理學解釋成年人會有效是因為心裡得到安慰，就像考試前拜拜求心安那般，是出自心理作用的自我感覺良好，倒還說得過去。但對一個思考能力尚不成熟的嬰幼兒來說，他怎麼可能會去想像什麼精神上的撫慰或支持呢？可能到了宮廟見到收驚阿婆還會嚎啕大哭哩！所以對嬰兒來說並沒有什麼心理學上的撫慰作用，不然父母是孩子最親近的人，自己「秀秀」應該就有效了，又何必大費周章請人收驚呢？是故，為何收驚也對嬰幼兒有效，心理學於此便無法繼續做解釋了。

因此，筆先生對收驚這碼事感到十分興趣，並試圖收集樣本來推測收驚能夠有效的真正原因。雖然只有小小十人份的樣本，但筆先生找的幾乎都是鐵齒一族的朋友去做訪談，藉此以加強實驗的嚴格度，並請他們回家問父母自己小時候是否收過驚，收驚的有效的程度……等。而結果出爐，筆先生發現十人中竟高達七人都承認其有顯著效果，兩人表示曾經有效過，有趣的是，受訪者皆不認為這麼小會有什麼心理安慰效果，所以皆不明原因。

這個結果讓我感到很驚奇，原來不只是中學時鐵齒的我，身旁許多鐵齒的朋友也有這種「明明鬼神不存在，但收驚卻真實有效」的困惑。究竟為何如此？其實答案已呼之欲出。收驚能有這種心理學和現代醫學都無法解釋的療效，關鍵就在於收驚確實是收回某種「我們看不見的東西」，而絕對不只是心理學所解釋的安慰效果。這點不光是在靈學和民間經驗，就連中醫學也認同這種無形病理。

以上，便是筆先生對於收驚為何有效的理性推論。而這個結果也反過來佐證鬼神和魂魄確實是存在，否則單憑現代科學是無法完全解釋收驚為何有效的，不是嗎？下面我們便就收驚的一些實用問題，來向L老師請益。

我問：「請問L老師，收驚究竟是在收什麼東西呢？而就妳的陰陽眼所見，收驚過程的無形呈現為何？」

L老師回答：「我之前提過，正常人有三魂七魄，而人在受到瞬間或過度驚嚇時，魂魄容易因為這種突來衝擊而從體內散出，進而導致元神不寧甚至是健康受影響。收驚儀式的目的，便在於把走失的魂魄給找回來，並使其重新歸位。」

L老師繼續說：「我以前也有幫人收驚的經驗。在確定患者確實是因為魂魄走失而產生身體不適，並且正確地進行收驚儀式和等待後，我的確會見到走失的魂魄重新回歸患者的本體。之後，患者靈體上的莫名不安感也會漸漸消失，進而恢復到原先的健康狀態。」

這時我突然插話向L老師請教：「在我印象中，除了收驚以外，另外好像還有一種叫做招魂的儀式。感覺這兩者似乎不太一樣，但我卻又說不出到底差別在哪？可以請L老師說明嗎？」

L老師回答：「就我的定義而言，收驚和招魂是完全不同的儀式，而且目的也大不相同。最大的差別在於，收驚主要是針對活人受驚所造成的魂不附體，使其歸附肉身。而招魂是對往生者失散的魂魄進行招回，以使其魂魄得以安息。」

我問：「那請問常見的米衣收驚法中，為何要用到白米和穿過的衣服呢？」

L老師回答：「用米有兩個作用。首先是可以搭配持咒來驅逐不乾淨的無形，並吸附和淨化負面能量，常見的鹽米水淨身便也是這個概念。此外，當自己的魂魄要回來時，因為時空和靈體的轉變，使元神門戶洞開，過程中外靈可能趁虛而入，我們用米便有保護本靈的作用在。」

L老師繼續說：「至於為何一定要用患者本人穿過的衣服呢？原因在於穿過的衣服有本人的體味和磁場在，這能夠讓失散的魂魄易於辨識和重新熟悉本靈，使魂魄能順利和靈體接合。反之，拿新衣服或者是別人的衣服便會使得收驚效果大打折扣。」

我問：「請問怎樣的魂魄比較難收回呢？」

L老師回答：「受到驚嚇而在外流浪的魂魄，因為某些因緣而被其他外靈抓住或欺負，有時甚至是囚禁起來。像這種情況便比較難處理。」

我問：「為何小孩子比較容易被嚇到而需要收驚呢？」

L老師回答：「因為小孩子的靈體活潑而不穩定，心智上仍處於天真，容易被外在環境變化所驚嚇。此外，也因為小孩子的身體尚未發育，魂魄寄託於肉體不夠穩固，也因此容易走散。」

我問：「那為何也有很多情況，收驚是無效的呢？」

L老師回答：「首先當然要排除實質病變，這必須找醫生才行。而對於真正受驚而魂魄走散的患者，就我長期觀察收驚會無效的原因在於沒有足夠的等待時間！」

L老師喝了口茶繼續說：「等待，目的在於確定魂魄歸位，否則將前功盡棄。坊間許多收驚老師沒有靈通不打緊，還是能夠收的，只不過無法確認是否真的收回魂魄。而正因為這些老師看不見，雖然正確進行儀式，但常常沒等到魂魄就位即『收工』，因而導致收驚無效。」

我問：「說到這裡，感覺收驚就像刮痧一樣實用，那像我這樣的凡人也可以學收驚以備不時之需嗎？」

L老師回答：「可以的，而且很容易學，因為儀式真的不難。但關鍵還是在於等待時間要充足，因為凡人無法確認魂魄是否收回，所以只能多等待。」

關於收驚的部分，大概就談到這裡。藉由和L老師的討論，也讓我更加確定收驚的確不只是安撫人心的效果，真正的關鍵還是在於把「散失的魂魄給收回來」，是靈魂層次的治療。下面我們就請L老師進行最後補充。

L老師總結：「最後我仍然要強調，小孩子無端哭鬧還是必須先確認是否生病，而不是直接帶去收驚或者靈療。而真正受驚而魂飛魄散的患者，和生病一樣，應該要及早處理，否則靈魂的不穩定將逐漸殃及肉體健康。最後叮嚀，一般人在幫人收驚時，除了要有充足的等待時間，也要注意周遭環境不能太嘈雜，否則迷失的魂魄將會受到干擾而難以回歸。」

Q5：念經的好處

接下來要討論的是坊間常見的修行方式—唸經。我們從很多人的經驗或是資料中可以發現到，無論是在東方還是西方，這些偉大的經典除了蘊涵著深刻的道理外，在誦讀經文的過程中似乎會散發出一種特別的能量，或者說是一種磁場。在這裡我們將要探討的便是後者。

就後者來說，在佛教和道教中，唸經可以說是很常見的修行方式或儀式過程。據說唸經可以讓無形界的朋友得到安息，可以透過持唸經文所散發的正面能量來驅逐或洗淨邪魔，還可以使自己達到靈性提升的目的，也就是所謂的修行。我們甚至時有所聞，透過修行有成的師父誦經加持過的能量水，像是大悲水和甘露水，可用來消災解厄及治病。唸經真的有這麼神奇嗎？下面我們便來探討。

我問：「L老師，我想請問你唸經究竟有什麼好處呢？而透過誦經的方式，真的可以把能量傳達到無形界嗎？」

L老師回答：「這些宗教經典在內容上有很重要的道理和智慧在，比方說教人明辨善惡、向善之道或是提升靈性之類的，為靈魂指引出一條道路，可以說是一個人在心靈上不可或缺的知識養分。此外，就像你所說的，透過誦讀經文，確實可以把能量傳達到無形界。而在誦經的過程中，你若是有指定傳達對象，便是我們所說的『迴向』。」

我說：「喔，我之前常聽人家在說，原來這就是迴向啊！那迴向給親人或所謂的冤親債主有用嗎？」

L老師回答：「是有的。不過在你做唸經迴向這個動作時，受益最大的還是你本人，可以說是得到最多比例的能量。此外，唸經的功德就在於對自己以及無形界的清靜和救贖效果，也許凡人的感受不深，但對無形界的朋友來說，是很需要這些正面能量來助祂們跳脫痛苦束縛的。」

我繼續問：「說到這裡讓我想起，我曾聽過一種說法，是在宣揚唸經會招來很多阿飄，而且會加重卡陰問題，因此他們認為經不能亂唸。這是真的嗎？」

L老師回答：「的確是會的，但實情並非如此。我剛剛提到，無形界的朋友很渴望這份能量來救贖自己的靈魂，所以祂們聽到有人誦經自然會聚集過來。而既然祂們得到你誦經所發出的正面能量，又怎麼會故意干擾你甚至是傷害你呢？因此，有人提出唸經會招來無形而導致卡陰的這種說法，我認為有兩種可能。首先，這些誦經者本來就存在卡陰問題，但被誤認為是唸經才招來的。此外，若是誦經者身體狀況不佳或是陽氣不夠暢旺時，聞經而聚集過來的阿飄確實很容易卡到誦經者，這是因為虛弱體質的磁場偏陰、偏弱而和阿飄的磁場正好相近，所以把這些阿飄吸過來。阿飄們也不想這麼做，所以不能全怪罪於祂們。」

這讓我聯想到中醫「命門火」理論以及民間流傳的「頭肩三把火」說法。當一個人的命門火微弱而不足以蒸動一身水穀精氣時，便容易讓鬼邪入侵。最明顯的例子就是久虛以及受驚嚇的人，陰的總是容易在這時上身，所以我們才說不要突然從後面去拍別人的雙肩嘛！而從這觀點看來，唸經雖然是好的，但在那之前最好還是先把自己的身體顧好才來唸。當然就常理來看也是如此，一個人身體都顧不好了還唸什麼經呢？趕緊給醫師治療才是當務之急。

L老師最後補充：「我來下個結論好了，唸經固然有它的好處在，但在讀完經典後，如何去做到知行合一，比方說實際做善事以及修持自己的心唸，這些才是更重要的事。」

Q6：正確求神的心態

在台灣，不管是為了事業順利、求得姻緣、金榜題名還是健康平安，我想無論有宗教信仰還是沒特定信仰的人都曾求過神明保祐過。一派的人不相信神明的存在，純粹就是求個心安，就先不論了。而相信神明會展現神通來幫助人的那些信徒們，究竟是憑什麼得到神明幫助呢？難道每天殷勤跪在神明面前拜拜或禱告的人，就會得到神明較多的眷顧嗎？可是事實卻並非如此，要不然我們什麼事都不用努力做，整天膜拜神明就好了。那究竟要具備怎樣的心態才能得到神明幫助呢？以上便請L老師和我們分享。

我問：「L老師，請問我們人究竟要用什麼心態來求神，才能得到保祐呢？」

L老師回答：「首先，當然是看你自己對這件事所做的努力，正所謂天助自助者。還有就是你是否誠心求神明幫忙，而且所求之事必須是善的、正面的。」

我問：「那若是真的因為求神而實現了願望，請問這個願望實踐的背後是因為我『有求有保庇』而使神尊特別眷顧我嗎？還是有其他因素或代價在？」

L老師回答：「我必須要強調，求神所得到的結果，絕對不是憑空掉下來的。就像你求財好了，神尊在接收到你的意念後，會去查在你這輩子中是否有註定的財運，接下來神尊會審核是否可以在當下給你。當這兩邊都過了，所求才能夠實現。所以中國人不是有一句話這麼說的嗎？那就是『命裡有時終須有，命裡無時莫強求』。總之，你求神而得到的財富，不過就是從你命中所註定的財富中預先調出給你用，都是有因果在的，而非憑空取得。」

看來，願望並非憑空實現，而比較像是提款機的概念。聽到這裡，我深深認同L老師的看法。因為這對認真打拼生活，卻沒什麼去求神明保祐的人有了交代。這也讓我想起以前鐵齒的自己，在升高中和大學學測時，都不曾因為面對大考而去求神保祐，反倒是相信多留點時間溫習才是重要的。結果每次都是我這個沒有求神的人幸運考出超越平時的成績，而大老遠跑去求神的朋友們反而失常。這能說甚麼呢？我想努力才是最重要的。

我問：「除了求財以外，像是求姻緣和求健康也是一樣道理嗎？」

L老師回答：「差不多也是相同概念。像是民間常見的求月老牽紅線，月老不過就是中間的推手，幫助有緣者拉近彼此的距離，減少過程中的阻礙，而這並非無中生有的姻緣。」

L老師繼續說：「至於健康的部分，就靈學的角度來看，之所以會生病也是有其因果的。就像一個情緒容易激動的人較易得心血管疾病，要解套就必須從自己種下的健康惡因來改善。所以，我們在求神明保祐我們健康時，要能夠即時反省和改變自己的生活態度，因為這些都是為了修正我們缺失所必須接受到的考驗和教訓，而所謂的『生病消業障』便是這個道理。在我們能思過改善後，便能夠得到無形的助力。」

我問：「L老師妳剛剛提到，像是人的財富、感情、學業……等，都是命中註定的部分，神明不過就是幫你預先提領出來。那有沒有非命中註定，神明另外給予幫助或賞賜的部分呢？」

L老師回答：「當然也有，就看你現處這輩子所種的善因和陰德。我這裡順便提一下陽德和陰德的概念好了。所謂的陽德是指那些有目的和為人知的善舉，這部分直接由從凡間得到報償。而陰德是指那些發自內心、沒有特別目的且不欲人知的善舉。古人曾說『人行陰德，鬼神報之』，這部分便會得到無形界額外的賞賜和助力，真正的神明額外賞賜，看的就是這部分。」

L老師最後補充說：「還有第三種可能。即使你命中沒有這份福氣，也沒有積足夠的陰德，但神明還是願意助你一臂之力，這是因為神明認為現在幫助你，在日後你可以幫助到更多人。所以在這種情況下，你必須好好行善積德，幫助世人來報答神明恩德，否則是會遭到天譴的。」

我說：「說低俗點，這還真像銀行放款必須要挑對象的概念啊！信用不彰的人又怎樣能得到銀行的放款呢？聽完L老師的觀點，我想我更能體會天助自助者的概念，以及求神幫助的正面心態。」

Q7：通靈人辦事收錢合理嗎？

所謂的辦事，就是通靈人藉由靈通或法術，來幫信徒化解無形層面的種種問題。

這在台灣極為常見，像是收驚、化解卡陰、解冤親債主、解符法病、開運、看三世因果……等，多不勝數。可是不同通靈人所訂的辦事價碼卻相差很大，從免費、隨喜捐獻、數千、數萬，甚至數百萬都有。這不禁讓我們想問，通靈人辦事收錢合理嗎？而開多少價碼才是道德的呢？

坊間有一本極為暢銷的靈學書籍提出這樣的主張：通靈人辦事一定要收錢，這是為了和無形界做買斷，也是保護通靈人本身的措施。此外，所收的價目也都是神尊所規定的，通靈人只不過是接神尊的訊息來辦事收錢而已。

究竟這本暢銷書的觀點正確嗎？我感到十分疑惑。首先，光見到這個老師的面就要數千，假如再加辦事幾乎都會破萬甚至逾十萬，那這是不是意味著窮人沒資格得到神尊的幫助呢？其次，假如是天界訂出來的價碼，那這些收來的金錢天界應該會有其用途，比方說做慈善事業之類的，而並非落入通靈人的口袋吧？最後，若靈界有訂下統一的辦事價碼，那為何坊間通靈人所收的辦事價格差異會這麼大呢？以下我們便就這些問題來和L老師做討論。

我問：「L老師我想請教妳，妳在幫人辦事前，上天真的會丟訊息給妳，並要求收多少錢嗎？」

Ｌ老師回答：「偶爾會有這種情況發生。但無論是神明還是好兄弟給我訊息，幾乎都是希望這些錢是拿去行善積德，而並非全數落入通靈人的口袋中。此外，我在辦事前接的訊息通常不是要收多少錢，而是神尊交代信眾在事後要如何改正自己心念和做善事。所以我認為通靈人若真要收錢辦事也可以，隨喜捐獻或是收個成本費用就好，讓眾生無論貧窮貴賤，只要有誠心，都能得到神尊的幫助。」

Ｌ老師繼續說：「但即使是隨喜捐獻得到的錢，我也不建議通靈人把這些錢全部用來滿足私人慾望。理由在於，靈通能力是上天賦予的，所以不該使用天界的能力來賺凡間的錢。我認為，這些錢比較好的處理方法是幫信眾拿去布施或建廟，使社會上更多人能夠受惠，讓善心和愛心能夠不斷的延伸出去。」

聽完這段話，讓我相當感動。Ｌ老師的說法不僅一口氣解決了我的質疑，而且還具有相當的道德性。假如在台灣像Ｌ老師這樣善良的通靈人能多些，不知道是多麼美好的事。

我又問：「那些聲稱上天會交代他們辦事價碼的通靈人，Ｌ老師怎麼看呢？」

L老師回答：「我想這些人大多是打著通靈能力而根據自己心中所想要的金額而開價。除非，這些通靈人能交代從信徒那收來的錢並不是拿去滿足私慾，否則藉鬼神名義來斂財的嫌疑是很大的。」

我問：「關於那本暢銷書的觀點，其中提及一點好像有點道理。那就是收錢是為了和冤親債主做買斷，否則通靈人平白無故幫人排除無形問題，致使此人所欠的冤親債主無法討回公道，是不公義的。所以祂們會去找通靈人討這筆債，因而形成共業。」

L老師說：「是有這種說法，但這也正好戳破一件事，那就是他們這種收錢辦事的方法只是治標而非治本，頂多是暫緩冤親債主的討報，但問題並沒有得到真正解決。你想想，欠對方的債為何會是進到協調人（辦事者）的口袋呢？這樣因果根本就沒真正了結。但坊間收錢辦事的通靈人大多選擇隱瞞這個事實來賺錢，不然就是無法看見冤親債主是否真正離去。」

我說：「L老師言之有理。我想，沒有因果關係的卡陰病還好處理，把祂們請走即可。那像這種有因果關係而且領有旨令的冤親債主，有沒有治本的方法呢？」

L老師回答：「我這樣說好了，神明根本就不會主動提出『必須掏錢出來才願意幫忙化解』的要求，因為這些錢財對神明本身是沒有意義的。所以那些以神明名義要脅要給多少香油錢或紅包才能得到神助的宮廟人士，往往都是把辦事費用放入自己的口袋。」

L老師繼續說：「那冤親債主需要你的錢財才會願意和解嗎？可以說需要也是不需要。怎樣叫做需要呢？若你把這些錢拿去布施行善，並把這份功德用心迴向給你的冤親債主，讓祂們也分享到這份功德，這樣做便能使祂們的靈魂能昇華，並真正化解兩人的因果，這才是治本的方法。那又為何不需要呢？若是這些辦事費用全進了辦事者的口袋，冤親債主根本就沒收到你要還的債，就只是靠辦事者透過協調和法術來暫緩冤親債主的討報，乍看之下是緩解了，其實問題根本就沒改善。」

L老師的話還真讓我聽了心有戚戚焉。想當初我在台東花了幾萬化解無形問題後，L老師在事後這樣告訴我：「我已經幫你看過了，你的冤親債主暫時不會干擾你了。」我說：「什麼，為什麼只是暫時性效果的呢？」L老師說：「祂們只是遠離你，而在等投胎的時間還會繼續觀察你的行為。若是你仍然沒有好好改過自新，祂們還是會回來找你的。」

L老師的一番話讓我有所領悟，假如辦事這麼有用，那郭董砸個幾百萬不就可以把所有的冤親債主都超渡，讓自己一路平順下去？可惜並非如此。只是，假如辦事全然無用，那坊間為什麼還如此盛行這種方式呢？

原來，透過通靈人來辦事化解可以做到暫緩效果，即「暫時治標」的概念。而要能真正化解的冤親債主，還得靠自己改過自新，行善積德的這份心念和努力啊！

最後我問：「那假如一個通靈人用上天所賦予的靈通來斂財，並用這些錢去滿足自己的私慾，會受到什麼樣的懲罰嗎？」

L老師回答：「告訴你吧！這個通靈人在當下雖然能得到錢財，但他將在其他地方損失更多錢財，甚至不只是漏財，還有可能失去健康或影響家人運勢。所以你可以觀察看看，台灣的通靈人雖然多而且又懂得如何去賺取信徒錢財，但大部分好像都還是挺窮的。」

L老師繼續說：「我曾經認識一位有靈通的阿伯，他專門幫人辦事和收驚，而且極為靈驗，名聲傳遍鄉里間，這讓他賺了大把鈔票。可是到了老年後，他的下場竟是失去所有家產，而孩子們也一直找不到工作，這讓大家都相當不解。後來他的師兄來了，才查出原來他把幫人辦事所賺取的錢財都拿去買黃金而並非用在布施上。所以天界收回他的能力，而且連好兄弟都看不下去而對他進行干擾，導致他落到如此下場，真的是讓我看了有很多感觸。」

所以，宮廟人士藉由天界所賦予的靈通來斂財是不道德的，希望這番言論能給全台灣斂財的通靈人一些警惕，也希望信眾們在面對這種花錢辦事的狀況時，千萬要冷靜，並用智慧去判別是非。

最後，這個篇章將在此畫下句點，接下來的第三篇將和各位讀者分享筆先生這個凡人對無形事物的親身體驗，謝謝各位。

第三篇

筆先生的無形趣談

——親身體驗不可思議

一．台東行的驚奇見聞

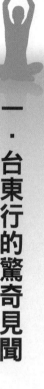

讓我這個鐵齒學生產生思想上的大轉變，進而體認到「超越科學存在」的台東行，遇見了太多超乎科學並讓人驚嘆的事物！也因此，雖然想一氣呵成，可惜第一篇的篇幅有限，所以只得把這些神奇的見聞獨立寫成故事和大家分享。讓各位親愛的讀者跳著閱讀，真是讓筆先生感到很不好意思。現在，就讓我向各位讀者分享在台東的有趣見聞。

換我讓通靈人驚訝

待超渡儀式完成後，師姑告訴我說在我身上的冤親債主已經好走了。只是，雖然已經開始體認無形界的存在，但我還是必須秉持著理性思維和科學證據，以免走偏或受騙上當。因此，我另外又請了包括L老師等三位彼此「互不認識」的通靈人，一位在台北，一位在台中，一位在彰化，來確認我身上的無形問題和處理前相比，是否真正化解。

神奇的是，這三位通靈人竟都給我相同而明確的答案。那便是據他們天眼所見，師姑確實有處理到無形問題，所以看來這趟台東行並沒有白跑一趟。至於上述步驟，也許有讀者看了會覺得我的疑心病很重（大笑），但，這卻也是保護自己的方法，另外也因為我想用理性求證的態度來檢驗無形界的存在。畢竟，倘若之中有人在唬弄我，其他我所信任且互不認識的通靈人必定會有人說出「不同觀察結果」，當然也不可能異口同聲地說已經確實有處理好無形問題了。

在最初時L老師曾提到，當時我身上有兩條討的比較兇的冤親債主，而經過師姑的幫忙，終於讓前輩子欠的女魂離開。但不知道大家還記得嗎？我第一個求助的新莊通靈人師父，他從我身上第一個查到的卻是一對動物靈，而且也是冤親債主。關於這條因果，據說是我前世殺生所造成的。只不過這次我想靠自己行善積德來做直接懺悔，而不是砸大錢來做超渡儀式，因為我相當痛恨那些打著救世旗幟實則荷包賺飽飽的通靈人嘴臉！

故事就從這裡開始，我在台東的第六天，來了一位擁有眼通的師姊，她是大老遠從中部來參加地母娘娘壽誕的。師姑因為沒有眼通，只能接訊息，所以請這位師姊代替師姑來查看我目前狀況。她和L老師一樣，都是先看我的額頭部位，來查看我的無形問題。我看她一下搖頭，一下皺眉頭，我心想「超渡儀式都做完了，難道還有什麼問題嗎？」

沒多久師姊便告訴我看業果的結果：「這次超渡的女魂有確實有化解了，但是我老實說，你本身還有其她三個無形問題在（和L老師看的結果一致）。不過你也不用太慌張，因為每個人生於世都各有其業果或者說是原罪在，多做善事和唸經迴向即可，而我也不主張你繼續花錢辦科儀。」

我隨口問她：「請問師姊，目前未化解的三條業果中討最兇的是動物靈嗎？」

師姊答說：「是的。」

這時候我的科學實證精神突然湧現出來，心想：「師姊完全不知道我在來台東之前，曾經找過其她通靈人，並且早已知道是何種動物靈，這剛好可以讓我來個double check！」

接下來我告訴師姊我已知道答案，並請師姊和我同時公布答案。後來我們兩個竟不約而同的說出是「狐狸靈」。

師姊當場大吃一驚，還問我是否也有靈通。起初我有點故弄玄虛，後來才把事情的原委告訴師姊，她才恍然大悟。而從師姊口中自然說出的答案，也讓我又一次驗證了無形界確實是存在的。

這件事很有意思的地方在於，像我這種凡人，即使相信無形界的存在，但由於通靈人處理無形的過程和結果我都無法看見，所以誰知道會不會被騙呀！因此，我便想到透過這種彼此互不認識的通靈人給我答案，以確認這些通靈人中是否有人在欺騙。而從這件事看來，我算是成功用理性求證的方式來確定無形的存在，還挺有成就感的。雖然，這是很友心機的策略，但像我這樣的凡人不這樣做卻也不行，畢竟台灣通靈人多，神棍和走偏的修道人更多，加上凡人根本無從確認無形界，因此更加容易被欺騙，所以這樣做不過是保護自己的措施罷了。

原來起乩是這麼一回事

對台灣人來說，在大小宗教儀式中都不難見到「起乩」。還記得在鐵齒時期的我，總認為這些乩童在演戲。不過我倒是發自內心佩服這些乩童「演得真像」，有時候還會打傷自己來增加真實感，真是夠「噱頭」，但這是騙不了我的！

而自從認識無形界後再次見到起乩，可以說是全新感受，有著完全不同的心得。在台東的這段期間，我幾乎每天都能見到師姑起乩，特別是在吃飯的時候，師姑會變得很像小孩子，不但童言童語而且還很愛玩。然後食量會大增（原本的她食量很小），很愛吃糖果，特別是日本的糖果。

我想，大家一定直接聯想到「三太子」，沒錯，而且還是日本版的三太子。師姑在幫人家辦事情的時候，也多為三太子上身，並藉助三太子的法力來幫信眾處理無形層面的問題。她總是執著法器，然後好像小孩玩遊戲般，把不好的東西從病人身上驅逐出去，聽說真的成功解決很多人的卡陰問題。不過師姑因為斂財而觸犯天規，現在法力已經被收回去了。

而在台東行之後，我看到認識的人起乩還是會有點害怕的，即使是我深深信賴的L老師。畢竟無論是被鬼神或其他靈體上身後，乩身通常會失去意識，而由其他鬼神代之來操縱乩身，已非本人。所以我根本沒辦法猜到接下來那位神尊或好兄弟會做出驚人的甚麼事或說出甚麼話，多少有些畏懼也不意外了。

關於起乩這件事，我也向經驗豐富的L老師請教過不少問題。比如說，大家應該很想知道起乩的感覺是怎樣。L老師告訴我：「一般可以先分成兩種，一種是靈體暫時被排除，這會暫時失去意識和記憶。而另外一種則是有記憶的，相當於本靈在旁邊觀摩，這通常是神尊要你在旁邊觀摩才會有這種情況。而被上身的感覺通常是不太舒服的，但每個人的難受感會不同，例如說有人會有靈魂被抽出的痛苦感，而我總是感覺全身發熱如火燒。」

我問：「既然成為乩身這麼難受，那像L老師妳功力這麼高，有能力向那些要上妳身的外靈說不嗎？」

L老師說：「是沒問題的，但若是神尊有任務和事情要交代，或是領有旨令的那種，我並不會做抵抗，因為這是我該幫忙的。」

我繼續問：「坊間的乩童大多不是通靈人吧！那為什麼他們也可以被神明上身，成為神明的代言人呢？」

L老師說：「沒有靈通的乩童一般必須先經過訓乩，會鍛鍊身體或者學走步法。畢竟像神尊這種能量強大的靈體突然進入到凡人肉體內，若是肉體不夠強，會很容易受傷。而神尊也會評估乩童有沒有所謂的『命骨』，然後去進行乩身的挑選。」

L老師最後又補充說：「不過成為乩身也不是這麼慘的一件事。除了能夠幫天界直接傳達訊息，甚至是執行任務外，還能得到神尊的特別庇祐或關照做為獎勵。不過也因為如此，身為神明的代言人，必須時時端正自己的言行才行喔！」

開水變美酒

話說我在台東的這幾天，認識一個很可愛的小弟弟，他的年紀雖然輕，談吐卻比很多大人都來得有智慧，連我都自嘆弗如。我們一見如故，常坐在一起聊天，他不時會告訴我悄悄話，似乎早已把我當成死黨了。他很喜愛大自然，總拉著我的手帶我這個城市人去體驗大自然。我們偶爾會聊聊生命價值以及如何真正行善等高深的哲學問題，只能說這小傢伙迥然不同於一般小孩，真是不簡單。

有一次他興沖沖的和我分享一件不可思議的事情。原來就在前幾天吃飯時，師姑在開水裡唸咒加持，結果原本無味的開水竟然變成醇酒！開水變成美酒，讓他喝了有點暈。更刺激的是，旁邊另外一個擁有靈通的小弟弟，可能是因為體質太過敏感，才喝了幾口「開水」就醉暈過去，差點兒沒嚇到大家。而話說我這個人是滴酒不沾的，所以很可惜無法親身體驗。不過我倒是挺相信這個小弟弟告訴我的神奇體驗，因為我們是無所不聊的朋友，而且這也沒什麼好騙人的。

隨著自己對於無形界認識的增長，回頭再來看這件事倒也沒有太多驚奇。從這中間我也體悟到，水，真的是很特別的物質！最常見的就是對於在不同環境下的水，不是有死水和活水的說法嗎？為什麼清淨的山泉水喝起來總是「香甜」而不同於家用的自來水呢？我想絕對不只是裡頭礦物質的差異，應該還有我們看不見的分子結構和能量磁場層次。

從科學層面來看，世界各地都有科學家在研究不同種類的聲波對於水的分子結構之影響。比如說讓水聽重金屬音樂，分子會散亂不堪；而讓水聽和諧的古典音樂，會形成很漂亮的結晶。而水也是目前所得之宇宙間比熱最高的物質，能夠穩定承載或吸收最多的能量。這都可以說明水不單單只有物質態，在形而上的世界中，水還被更高層次的能量影響著。

這在中國古籍也找得到解釋。尚書提到：天一生水，地二生火，天三生木……，而易經也有類似的說法。由尚書可推測老祖宗們也認為水是宇宙萬物之始，從宇宙生成之初只有能量尚未有物質的情況下，做為能量和物質間的載體和轉換體，進行分化。

而在靈學層面，我們也常聽說所謂的符水或大悲水治療無形病，或是用艾草水淨身，洗去不乾淨的能量。民間也有不少大悲水治病成功的案例，當然那前提必須是無形病才可，形質上的疾病還是要找正規醫療才是。至於符水，我沒有親身感受過它的威力，但我相信扣除掉裝神弄鬼的道士外，必有它的效果在，否則也不至於從千年前普遍流傳至今。我想，舉了這麼多例子，讓我們再回來看這個開水被唸咒加持而變成醇酒的案例，其實也就沒有太大驚奇感了。

二・無形界的震撼教育

在這趟台東行期間，我很幸運的，剛好碰到一年一次的地母娘娘壽誕。師姑告訴我，來參加的信眾可以得到母娘的庇祐，對一個人的無形層面有幫助，特別是我。原因是上一篇所提到的那一對母子狐狸靈，就來自於地母娘娘的座下。

早上我們先去台東市採買拜拜用的東西，有各式食材、鞭炮、香燭……等，數量還真不少，在大熱天下來回搬個幾趟還真有點累。用完中餐後，整個宮廟的成員開始動起來，各憑所長的分工準備晚上慶典，不過像我這種沒有任何專業又生病的人，只能幫忙掃掃地來盡一份心力。而各地的香客也陸續來到，雖然人沒有很多，但一時之間還是挺熱鬧的。

由於子時（晚上十一點）才開始拜拜，這對於這陣子一直很早睡的我還真有點不習慣。「看來得先補眠了。」所以我趕緊從八點多提前先睡到十點多，然後很不甘願的被挖起來拜拜。

到了子時，大家都就位了，一位師兄點燃大約五十米長的鞭炮，劈哩啪啦的轟天巨響劃破沉寂的夜空。還好這附近沒有甚麼民宅，不然我想熟睡的人們鐵定會從睡夢中被嚇到從床上跳起來。

老實說，我對台灣民間信仰很argue的兩件事：其一是燒紙錢，其二就是放鞭炮。我想熱鬧歸熱鬧，但那種高分貝且持續的嘈雜聲，真的會打擾到不少人，甚至會嚇到許多小孩和動物。而聽L老師說，無形界對鞭炮也有所感應，但是嚇跑還是熱鬧迎接可就不一定了。此外，鞭炮傷人以及環境問題也是很大的隱憂。

後來我便向住持師伯請教這個問題，他說他的宮廟是母娘本尊所在，而且是凡間的天庭。所以必須放出鞭炮，來向全台灣的地母宮廟宣示典禮開始。不過哪個廟方人士不是誇揚自己的宮廟才是正統呢？所以我聽聽就算了。

接下來我也穿起道袍，用很嚴謹的道教行禮方式，跟著其他師兄師姊們一起跪拜。第一次這麼嚴肅的參加儀式，真怕自己會「出ㄘㄟˊ」，讓我有些緊張。

拜拜結束後，所有師兄、師姊圍著大圓桌坐一圈，準備聆聽母娘慈訓。大家摒息以待，沒多久師姑臉色和氣勢變了，成了一個說話老邁沉穩的人，我想這就是母娘上身吧！接下來人人有份，母娘對在座的每一位都給了一些勉勵和解惑的一些良言。輪到母娘對我說話時，我顯得有些緊張，可是沒多久就被母娘緩和慈祥的面容和語氣所化解。她勉勵我要好好把身體養好，然後完成學業，回報自己的家人和社會，就像畢業典禮時師長的耳提面命般，還真讓人有點感動。

而時間不知不覺的走到子夜盡頭，今年的「母娘圓桌慈訓」也將畫下句點。最後一個聆聽慈訓的先生，是一位臉色黯沉、身形枯黃，看起來衰老如六十歲實則不過四十出頭，並不時從口中發出類似青蛙叫聲的師兄。

初次見面，這位師兄給我的感覺很怪異，雖然我毫無靈通，但第一眼見到他時，直覺就告訴我他有不少問題在。結果，母娘上身的師姑，請前面幫我看狐狸靈的師姊來「診斷」這位師兄無形病況。只見到這位師姊一下嘆氣，一下搖頭，最後有點兇的質問他：「你是不是在感情上做出很多不道德的事？」師兄顯得有些錯愕和尷尬，支支吾吾的好像拚命的想逃避這個問題。

母娘繼續說：「你這個問題太嚴重，不好好改過自新是無法化解的。」

師姊後來直接告訴這位師兄：「你的事情我都看出來了，你要我直接講出來請大家聽來幫你想辦法，還是顧及隱私，我私底下再告訴你呢？」

師兄對這位師姊顯得有些半信半疑和猶豫不決，我想他心裡一定在嘀咕：「我和妳初次見面，妳怎麼可能憑空看出我曾做過甚麼事？」所以，這位師兄最後還是決定讓師姊講講看也好。

接下來，師姊神色凌厲的對著他說：「你這輩子曾拋棄你的元配，去大陸搞了很多女人，而且不只一個，並和很多女人都發生了關係，卻又都沒盡到責任。再加上前輩子的業果，所以身體和靈體狀態才會如此的差。」

此時全場啞然無聲，我想若這件事子虛烏有，一定會馬上被師兄給駁斥回去，甚至告其誹謗都有可能，因為這是很嚴重的人格污辱！

但我只見到師兄大吃一驚，似乎終於相信師姊能看穿他所做過的壞事，轉而很無奈且低聲地回說：「也不是我想要這樣啊！就不知道為什麼，結婚以後我就看我老婆很不順眼，感覺有一股莫名的力量推著我，讓我一直不想待在家裡，想往外面跑。」

師姊說：「那是因為你上輩子做了很多對不起女生的事情，而她們都找上門了，要你這輩子必須為之前欠人家的感情債付出代價。加上這輩子，你自己最清楚自己做過什麼事，前世今生的惡因惡果糾結在一起，便造成不斷的惡性循環。」（然後指了指，師姊說這位師兄背後卡了很多條業力很深的女魂，才可以如此強烈影響到這個師兄的行為和健康，師姊邊說邊搖頭嘆息。）

師姊又說：「你自己老實招好了，你和多少元配以外的女生發生過感情關係？」

師兄很含糊的一下說兩個，一下子說三個。

師姊：「都到這步田地了還不老實懺悔改嗎？」接著師姊說了一個讓在場各位都相當驚訝的數目，而且精準到讓那位師兄啞口無言，直低著頭露出懺悔之意。

師姊繼續說：「我建議你，必須要盡速斷絕和那些大陸女生的關係，然後回到自己真正的家，對你的元配負責才對，不然就真的沒救了。」

師兄露出很苦惱的表情說：「我又能怎麼辦呢？現在是進退兩難啊！假如我把那些女朋友給甩掉，忽然不理她們了，不就換我又欠她們感情債？而且以她們的個性來說，假使我真的這麼做，實在難以想像她們會做出甚麼激烈的反應。所以妳叫我怎麼斷啊！」

師姑對師兄說道：「我們能幫你的就盡量幫，但你最終還是得憑自己的真心和智慧去化解，而不是不斷的逃避問題。」

大概快兩點的時候，我已相當疲憊，便先去睡了，所以不知道最後結果如何。但我想今天晚上的大家一定都有不少心得。隔天早上，從師姑手上看到一件更讓人咋舌的事。原來這位師兄昨天有寫過一些靈文（他本身好像也有點靈通，但只能通鬼），而文字倒數兩句竟然很明顯的有「豬狗不如」四個字，看來連他的靈體都在懊悔反省了，真是讓人覺得不可思議。

總之，對我來說，今晚簡直就像是場活生生的震撼教育，讓我也頗有感觸。

其一是，我前幾天才化解掉的女魂，不也是感情債嗎？不過跟這位師兄比起來算小巫見大巫就是了。L老師告訴我，女生在感情這方面的怨力是很深的，不只會讓所謂的負心漢背負業障，而且女生自己也因為強烈執念而無法投胎轉世，就這樣一直被鎖在怨恨之中，可謂兩敗俱傷。總之，欠下感情債的惡果可不輸金錢債。

不過我真沒想到感情債的業力竟然可以強到這樣，真的是讓人很警惕，我想不管男生或女生，恣意玩弄別人感情的人真的應該要瞭解到後果的嚴重性。

其二，我不敢相信師姊竟然透過靈通把這位師兄的無形問題都給一一精準揭露，想隱瞞都隱瞞不了。我和各位一樣，當下我自然想過，會不會是在演戲啊？不過這種極度沒面子的事情，又有誰想讓人在大庭廣眾下說出呢？而且那種慚愧之色是裝不了的，所以我幾乎確定這是真實的。

看來人真的不能做壞事，更不能因為四下無人而心存僥倖，所謂的天知地知是真實的。而欠別人的，終究還是得還。因為無形界會很確實的記下你的一言一行，也就是所謂的功過簿，待你離開人世後進行大清算。最後我只希望這位師兄在後來成功用他的智慧和勇氣止住這個很深沉的惡性循環，並化解問題，然後找回自己的健康和美滿家庭。

三．神奇的無形定位系統

三月的某個星期二

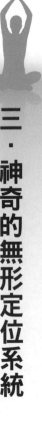

今天早上到學校上完太極拳後，因為不想直接回宿舍，所以，我到圖書館看點雜誌打發時間。到了第四節上課的鐘聲響起，搶在人潮前，我起身先到活動中心買俗擱大碗的台大素食兩份，想順便請L老師也品嚐看看。

我和L老師邊吃邊聊。聊著聊著，L老師告訴我她最近腸胃狀況不大好，有胃酸逆流的情況，並常常會覺得胸口悶悶的想吐。畢竟我是過來人，所以能夠體會她的感受，並想說介紹個好中醫給她。只可惜我的中醫師掛號早已額滿，看來這下子我得另外找找是否有其他好中醫可以推薦給她。

過沒多久，我想起昨晚呂大哥有提到他最近看的一家中醫還不錯，便主動向L老師提案。但重點是，我只依稀記得那間中醫診所好像在新店，我和L老師從來都沒去過，甚至連診所名稱都不知道，當然更別說診所位置。於是我便拿起電話撥給正在上班的呂大哥：「老大！昨天你看的那家中醫在哪？可以把地址給我嗎？」

呂大哥回我：「不好意思，我現在很忙，半小時後我再打給你。」說完便掛電話。

「好吧！要等半小時，找點事情來打發時間好了，就來打一下今天學的太極拳！」我反覆練習起式到摟膝拗步掌的流程。

這時候L老師在旁邊靜靜的寫東西，起初我並沒有特別注意，只管打我的拳。十分鐘後，我想說L老師難得這麼專心的在寫東西，好奇心遂起，便從她背後偷偷看個究竟。出乎我意料的是，她竟然一筆一劃地在寫著我完全沒看過的地址和電話！

我問L老師：「妳在寫什麼呀？」

接著我帶著有點戲謔的語氣問L老師：「呵！妳該不會想憑空矇出那間診所的地址和電話吧？」

卻只見到L老師毫不猶疑的默默點頭。

我低頭看一下那張紙，L老師已經寫出完整的地址和電話。但是電話號碼八碼中間卻獨缺一碼。

L老師對我說：「中間那一碼我還沒搜尋到，暫時先搜尋到這樣就好了。」

我當下看了自然是滿腹疑惑，不知道L老師這回葫蘆裡又裝了什麼新鮮事。雖然之前已在L老師身上驗證許多神奇的事物發生，但這次，卻讓我覺得要是L老師能夠完全憑空矇中地址和電話，真的就太扯了！隨便以簡單機率來推算，若這麼渺小的可能性都被猜中，那我看大樂透頭獎也只是L老師的囊中物了！

回過頭來我再度思索和確認。確定L老師沒去過那家中醫診所（之後我陪她到現場掛號是初診，可以證實）。而桌上當然也沒有任何參考資料，因為電話和地址都還在工作中的呂大哥手上。當然這更不可能是魔術秀，因為這是我本人臨時提案的，且在一旁看著，L老師根本沒有任何空檔！其中最讓人無法想像的是，就算真的去過某個地方，正常人也不太會去默背一家店的住址和電話吧！我的大腦不斷地運轉，實在想不透為什麼她這麼有把握，但是，我的結論還是不變「妳、不、可、能、猜、中、滴」！

這時候，手機響了，我一手接起呂大哥的電話，並請他將藥袋上的診所地址和電話逐一唸給我聽。而另一手，我抱著準備看笑話的心情，把L老師的默寫拿過來仔細對照。

「嗯……路名、三位數門牌、電話號碼七碼……咦……」結果竟然完全正確！剛好就只差L老師「尚未搜尋到」的那一碼電話。當下的我感到無比震撼，並且驚愕不已。我完全不敢相信自己所見，用力揉了眼睛再確認一次，真的沒錯！

「用機率的概念簡單估計一下，電話七碼扣除好猜的前兩碼剩五碼未知，門牌扣除易中的百位數碼剩兩碼難猜，猜中的機率粗估也低於百萬分之一，可以說是微乎其微，而這樣也被猜中，實在是太神奇了！」我仍對眼前的事實感到難以置信。

待我平復下來，對L老師說：「我看妳乾脆用這個能力去猜樂透算了，中一次獎下半輩子就不愁吃、穿啦！」

結果L老師很認真的告訴我：「理論上是可以預知頭獎號碼的，但這個能力可不能這樣亂用。理由是，若不是命中之財，而濫用靈通去竊取這些不屬於自己的東西，算是違反天規，將會有很大的報應和代價在前頭等著，所以絕對不行這樣搞。而且，我已經看過不少通靈人使用這種能力來斂財騙色，下場很悽慘。輕則能力被天界收回去，嚴重的話可能會被降靈格，下輩子進入畜生道，實在得不償失啊！」

我當下聽了更加佩服L老師的為人，當然還有她那不可思議的能力。

後來L老師也告訴我她並不是用猜的，而是經由她啟動「無形的程式」透過天界的訊號搜尋所得到的結果，因此才能夠憑空寫出。不過無論如何，這件事還真是讓我這個滿腦子機率與統計的學生大開眼界。而我又再次體悟到，無形的世界，實在是讓人感到驚奇和不可思議啊！

四．讀取記憶

關於讀取記憶這種靈通，我們可以先簡單分成「看前世因果」以及「讀取現世回憶」這兩大類型來看。一般來說，有點能力的通靈人可以望穿人的前世，就是俗稱的「看前世因果」，而隨著能力愈高，不但能使呈現愈動態和清楚，也能看到愈多東西。

L老師很特別的地方在於，她除了可以用電影呈現的方式來觀看一個人的累世因果，還可以讀取一個人或物品的現世記憶，甚至是感應到其他小動物的心中在想什麼。關於這種能力的展現，也是讓人看了嘖嘖稱奇的。我想以下就舉幾件我親身觀察到的例子來和各位讀者們分享。

呂大哥的異鄉情懷

呂大哥年輕的時候曾旅居土耳其開創事業，一晃眼便是好幾年，他甚至還想就此在土耳其定居下來，不過後來因為某些因緣，所以又決定返回台灣。

有一天晚上我、呂大哥和L老師聚在一起聊天，聊著聊著便講到呂大哥以前在土耳其的異鄉體驗。我和L老師在旁邊聆聽，有時驚嘆，有時笑聲。而不知道何時開始，L老師默默的畫完了一張地圖。

然後，L老師對呂大哥說：「這張送你，看你還有印象嗎？」

呂大哥皺著眉頭看著那張地圖，好像用力在回憶甚麼似的，我在一旁也看了霧煞煞。過了幾分鐘便見到呂大哥突然激動起來，然後高興的對L老師說：「沒錯，這上面畫的是我以前在土耳其居住的地方！妳看喔（手指著地圖），這裡轉角有商店對不對，然後再繼續往前走會看到一條小河，然後……然後……」瞧他一臉開心的樣子，讓我也想和L老師要張地圖了呢！

原來，L老師在呂大哥靈體的允許下，讀取他旅居土耳其的深層記憶，並且幫他畫出了在土耳其居住的地圖。我想下次假如有遺失貴重物品，也請L老師幫忙從記憶中尋找好了，真是太神奇了。

走偏的通靈人

在筆先生開始認識無形界後，遇到不少通靈人和修道人。其中有一位修道人，他在宮廟中擔任住持，初次見面時，我見他面容慈祥，滿腹經綸，開口閉口都是佛家和道家的經典，讓人不自覺地對他感到尊敬，甚至一度想向他請教佛經中的道理。但再見過幾次面後，我開始發現到這位修道人的某些行為舉止好像不太得宜，但是又說不上來。

因緣際會下，我認識了這位修道人的親戚，並且交為朋友。這才從他的口中得知，原來這位修道人曾在感情上做出很多不道德的事，不只有「小三」，還有「小四」，而且不斷在來往的香客中物色「小五」。但是，我仍相信他正在改過向善，所以依然向他請教無形界的道理。

而在某天的茶餘飯後，我發現Ｌ老師好像也認識這位修道人，便決定聊起關於他的事情。可是，正當我要開口提起時，Ｌ老師忽然臉色沉了下來，並且搶在我前頭說話。原來，這位修道人曾經邀請Ｌ老師去讀他的回憶。

我說：「那有什麼問題啊！人家都邀請妳了，妳就去讀取唄！」

Ｌ老師說：「事情沒有這麼簡單，就在我要開始啟動能力時，直覺竟告訴我，在他潛意識中有很強的敵意和陰謀在醞釀。我睜開天眼一看，才發現，原來他已佈下無形陣法在等我，只要我開始讀取他的記憶時，便把我的靈魂給抓住。」

我大吃一驚的說：「真沒想到這位修道人這麼惡毒啊！然後呢？」

Ｌ老師：「我當下覺得很害怕，因為要是靈魂真的被他抓住，那我的心智將被他永遠操控了。因為怕激怒他，所以我很婉轉地請他先解除陣法，否則我會被擋在外面進不去，後來他才願意解除這些陷阱。」

我說：「接下來妳真的讀取到他的記憶了？」

Ｌ老師：「嗯……但是他的過去很不堪入目。等我讀取完後，他問我看到什麼，我當下完全不敢回答他。我的直覺告訴我若是就這樣直接對他回報，他可能會對我不利。而至於是什麼壞事情，基於他個人隱私，我也不能告訴你。」

我笑著說：「沒關係，我也沒興趣知道。只是我想從我自身的觀察、他親戚的描述和L老師的經驗中，來確認我的識人能力是否正確，畢竟我覺得台灣的通靈人，十個之中起碼有兩個壞蛋，而有六個走偏，要找到值得信賴的通靈人真的很不容易。現在得知他沒辦法成為我學習的對象，讓我感到有點惋惜而已。」

新衣服和舊照片

還記得，我在過年前買了一件綠色格子外套，並且穿去拜訪L老師。L老師說綠色很適合我，因為我在五行上屬於木形人格，可以加強我的磁場。我便隨口問她：「L老師，那妳要不要估看看這件外套的價格？」結果，一口價590竟然就給他毫不猶疑地說中了。

我很訝異地問L老師：「妳怎麼知道的？」

她回答說：「上面有標價啊！」

結果我真的很認真的把外套脫下來翻了又翻，確定標價已經剪掉了啊！最後，才發現原來她看到的是無形的標籤，讓我當場看傻了眼。

又有一天晚上，我用筆電上臉書更新一下最新動態。之後不知道哪根筋不對，我竟然和L老師分享起我曾經喜歡過的女生是誰誰誰。

我邊點著照片邊說：「這是我的初戀，喜歡最久，卻也是受傷最深的，不過時間沖淡了回憶，現在的我對她幾乎沒有任何感覺了。」

我繼續點著滑鼠：「另外這個女生是在大學時候曾經欣賞過的，人相當好，不過我對她的感覺算不上是愛情。而最後這個女生，雖然很可愛，但關鍵不在這，因為我喜歡她更多的是內在，是追求心靈幸福的特質，是一種和時下常見物質女孩截然不同的氣質。」

天哪！我竟然這麼輕易地就把自己的情史給揭露了。雖然，這也沒有什麼好害羞的，畢竟那些瘋狂歲月距離現在的我，已經很遙遠了。我一邊點滑鼠一邊分享著。L老師只是在一旁微笑不語，等我說完後她才開口說話。

讓人驚訝的事情現在才正要開始。沒想到，L老師分別描述這三位女生的人格特質，不但幾近神準，而且說明我和她們相遇的機緣為何，聽得我不斷點頭說是。接著，她分別指著剛剛那些照片告訴我說：「這個女生這一年內會遇到一些不太順的事情，但是過了就很順了。而另外這個女孩今年依然平順幸福。」

只是氣氛突然變了，L老師最後看著某個女生照片並皺著眉頭說：「她似乎曾做過一些道德所不容許的事情，所以我看見在她背後有很多無形干擾。不過，近期內應該還過得去，但希望她日後能夠多做點好事回饋社會。」

難得見到L老師嚴肅的表情，低下頭來，默默發愣了幾分鐘，不再有任何言語。接著我抬起頭來，告訴L老師：「聽妳這麼一說，我想我心裡頭大概也有個底。不過算了吧！都不知幾年沒聯絡了，而我也早已忘了什麼是戀愛的感覺，我想我只能默默祝福她們都能平安順利吧！」隨即小嘆了口氣。

那天晚上，正當我準備離開L老師家時，忽然停下腳步並轉過身來。呼！我終究竟還是心癢癢，忍不住開口問了那個壓藏在心裡頭很久的問題。

我問：「L老師，抱歉，雖然我不應該問這種問題，但還是忍不住想問一下。我想請妳幫我看看我和其中的『那個女生』還有緣分在嗎？待我完全復原的那天，想重新試試看！」我勉強拱起笑容，殷切盼望著正面回應。

L老師卻告訴我：「抱歉沛恩！你這麼想聽實話的話，我就我剛才所見實話實說好了。你和這三個女生基本上都已經沒有緣分在了，至於你信不信，未來可以自行慢慢驗證。」

L老師的這段話讓我小小洩氣。但是，我還是「不見棺材不落淚」，並在心中下了決定，未來一定要再重新遇見那個女孩！結果，在半年後，我才從那女孩身邊朋友得知原來她早已有男朋友，非但如此，感情還相當穩固。之前我會以為她單身還有機會，原來只是因為她對感情事向來低調。

雖然我完全不希望這種預言成真，但L老師卻又再次說準了這件事！不過沒關係，我悵惘了一下，很快地就恢復過來，畢竟我根本還沒有重新踏出任何一步，所以也沒有受傷。

最後，L老師那天對我說的話，其實還有下文。原來L老師還告訴我：「你和這些曾經喜歡過的女孩，確實已經沒有緣分。但那是因為在未來已經有個命中註定的女孩在等待你，而且也是個很不錯的女生！只是，現在還不到相遇時機，你就先靜靜等待吧！我相信就在不久之後。而這段期間你應該多充實自己能力才是更重要的事！」

L老師說的是實話，對現在的我來說，確實還有更重要的事情必須先去實踐。而至於未來那個女孩是否出現，就只能留待時間驗證了。

最後來個小結。我認為讀取記憶這種能力強大之餘卻也很可怕，除了人以外，我也看過L老師讀取其他東西的記憶刻度，比如說榕樹、圍巾、倉鼠、故宮國寶或是昆蟲。我沒辦法想像若不肖的通靈人士擁有這種能力會幹出甚麼壞事來。

此外，L老師也可以感應一個人的心思和情緒，不用透過言語，而是一種源自於潛意識的意念和電波傳達（這種波是存在於另一空間的波）。比方說：對方警戒心很重，即使表面上笑瞇瞇，她也能明顯感受到敵意。而這是很天生的直覺，可以說是第六感，所以不太需要耗費靈力。但關於進一步讀取心思，L老師幾乎是不太使用的，畢竟耗能而且會侵犯別人隱私。

L老師告訴我，使用這些能力有三大前提。首先當然是要經過當事人的允許，她才會啟動能力。其次就是啟用這種能力會耗費不少靈力，除非是無形外力順手推舟的那種自然啟動，否則她也不輕易使用。最後就是在使用時要恪守天規。總之，關於這些不可思議，我想，若非親眼所見，真的很難讓人信服。而我所能做的，就是把我這凡人所見所聞老老實實的記錄下來並和大家分享。

五．預見十五年後的我

預知未來之說，在世界各地或者民間中都有不少案例流傳著。雖然新聞播出的末日預言總是槓龜收場居多，但就科學理性的角度而言，我們並無足夠證據就此全盤否定所有成功預言的案例或故事。

下面就拿一個筆先生親身預見的案例和各位分享。

某天晚上，我和L老師正在聊關於她的人生經驗談，正當我們聊得投入時。L老師突然閉口不語，並出神地凝視著我的上方。

很快的我就注意到氣氛不太對勁，心想「嘖嘖！難道我又卡到不乾淨的東西或是冤親債主找上門來了，怎麼L老師的神色突然變得如此詭異呢？」大約過了半分鐘，L老師才又回過神了，並準備開口。我當下的心情可以說是忐忑萬分，我還真的有點怕我自己又有什麼重大的無形問題要解決。

L老師開口便說了：「沛恩，剛剛我看見十五年後的你！」

我以為Ｌ老師在開玩笑，便問道：「在哪啊？可是我沒看見耶。」（其實我根本是在問廢話……我又不是坐時光機回到過去的大雄，怎麼可能看見未來的自己呢？）

Ｌ老師繼續說：「這是一幕動態影像的呈現，就在你身旁。」

我聽了還是有點不信，便說：「那請妳描述一下十五年後的我長什麼樣子，那時在做啥？」

Ｌ老師說：「我看到的場景，是在異鄉的夜晚，那裡正下著濛濛細雨，而你正背著公事包快步走著。嗯……不錯，你事業做得不小，正忙著跑客戶。」

「喔，天哪！我這爛身體還可以活到四十歲，真是奇蹟啊！既然都可以正常工作，那我想未來的我，應該身體已經康復了吧！」我喃喃自語著。我想，換作是一般人，應該會先問自己事業做多大，賺多少錢之類的。但因為這件事是發生在剛認識Ｌ老師時，那時候我的健康狀況不太穩定，所以當下我只在意健康問題，並沒想到賺錢和做事業這回事。總之聽到Ｌ老師的描述，真的是相當鼓舞。

Ｌ老師微笑著對我說：「再告訴你好了，我看到的是異國風情唷！沛恩，你要不要猜猜看那個時候的你在哪兒？」

我回答：「哈！這個有趣。我猜看看唷……因為我很不習慣西方文化，所以除非生命有重大變化，不然我一定還留在亞洲跑。未來的舞台在中國，而且我又這麼熱愛中國文化，我先猜中國啦！」

L老師回說：「接近了，但不是在中國喔。」

我繼續猜：「大馬、日本、……新加坡？」

L老師：「答對了，你在新加坡跑生意。而且在剛剛的未來影像中，我從你身上聞到很濃的橡膠味道。」

我聽了愕然失色，剛剛的我還存有一半懷疑，但現在的我想不信都不行了。理由何在？因為我老爸正是橡膠的貿易商，並且常常在東南亞跑業務！L老師不認識我爸，當然不知道我老爸是做甚麼行業，但她竟然能夠預見這種可能性挺高的未來，真的是很不可思議。因為不是有句成語叫「克紹箕裘」嗎？這不就很明顯地表示未來的我將走向父親「橡膠貿易」的這條路，這也太神了吧！

不過我面有難色地回說：「啊……人家原本還期待十五年後的我是個救人濟世的中醫耶，那可是我一生的志願啊！而事業做多大我是不太在乎啦，但是一想到我對中醫的滿腔熱誠無法實現，就覺得有點悶。老實說我從小到大完全沒想過要碰父親的事業，我想要走出我自己的道路。」

L老師稍稍沉下語氣地說：「嗯，我讀到十五年後的你的心思……雖然事業有成，但卻有點寂寞，有點悵惘，有點想家。那時候的你告訴我，妳好希望回到十五年前的那個自己，可以自由自在的做想做的事。」

我有點小生氣的回說：「L老師，去幫我告訴十五年後的那傢伙啦！健康和事業都找回來了，還有什麼好不滿足的，我看他還真不知足，都忘了健康就是一切！真的要打屁股才對！」

不過摸摸後腦想了一下好像不大對勁：「咦？我幹嘛一直罵自己呀……話說回來，現在的我還可以改變未來吧？」於是我繼續請教L老師。

L老師說：「從改變你的心念和行為開始做起，我想在某種程度上應該可以吧！你不像我，我的宿命成分就大多了，所以來到人間要做什麼事我很清楚。」

這件事也讓我聯想到在中國預言中鼎鼎大名的推背圖和燒餅歌。推背圖相傳是由唐朝兩位靈通很高的通靈人聊著他們所見到的未來，然後以易經的卦象精準排出一千多年下來政治局勢的演變。我曾經閱讀過不少相關的資料，就拿現今仍存放在故宮且最為可信的明末清初金聖歎的推背圖批註本來說好了，就算前面的歷史都是瞎掰的，但後面三百年還真的是與歷史脈絡緊緊扣合。而劉伯溫的燒餅歌也是一絕，預言了從朱元璋的大明王朝到二十一世紀中國重新崛起過程中所有的歷史轉捩點。

我想，也許我們無法改變大時代的洪流，就像推背圖、燒餅歌或一些經典的西方預言般。但是，就如袁了凡的「了凡四訓」所言，我卻深信個人的未來還是掌握在自己手中的，只要願意改變自己，並且去領悟生命的本質。而關於「遇見十五年後的我」這件事，在現代科技尚未成功發明像「哆啦A夢那樣的時光機」前，我想我還是得乖乖等到十五年後才能證實這件事。不過今天給我最大的好消息是，原來我還有十五年後耶！可以讓我小開心一下了！

六．靈界的質能互換

猶記得，高中時的我好像學過點愛因斯坦的光電效應與質能互換。而我最近發現，原來另一個空間中也存在著無形和有形互相轉換的現象，真讓我又驚奇又摸不著頭緒，因為這些現象似乎不是$E=mc^2$所能解釋的。只是，我也不知道這種現象該稱做什麼，姑且就先用「質能互換」來引文吧！

首先要講的這件讓人驚駭的事，我必須先老實說，我並沒有親眼目睹，但它卻活生生發生在我的前輩呂大哥的姊姊身上。當時L老師也在場，連她看了也瞠目結舌，直道生平還未見過這種離奇的事，可見這件事的不可思議。

這件事是這樣的，我在第一篇有提到，呂大姊因為被某個大魔頭下了很重的符法，導致靈體受到極大的干擾和傷害，並因此生了很多重病，自此以後，人生遭遇到很多坎坷和不順。呂大姊和呂大哥在數年間跑遍全台四百多間宮廟，希望有人能幫忙解決這個問題。可惜因為對方法力太強，繞遍全台卻無人能解，好不容易才找到台東有間宮廟願意幫忙化解看看，也就是我這趟台東行去的那間宮廟。

Ｌ老師是這麼描述的，她說第一次到台東這間宮廟修行時，就看見師姑拿著她的法器「神槌」不斷的捶打呂大姊，那也是她第一次認識呂大姊。只見師姑口中喃喃唸著：「這個不用力打不行！」並很專心地在驅趕呂大姊身上的壞東西。呂大姊說外人看起來一定覺得「被打的應該很痛」，但她本人卻甘之如飴，因為她明顯感受到附著已久的髒東西不斷被排除，是件可喜可賀的事。

Ｌ老師持續在一旁觀看著，剎那間，竟看到有東西從呂大姊被打部位憑空跳出。Ｌ老師說：「一開始，我以為是無形的壞東西被趕出體內，但仍然在無形界的空間亂竄，所以並不放在心上。」後來竟又陸續跳出一些莫名其妙的東西，連在一旁幫忙固定呂大姊的師姊都看傻了眼。

Ｌ老師跟著向前一看，沒想到方才從呂大姊身上跳出的竟是一些實體的昆蟲，像是蜘蛛、蟋蟀、馬陸……等，而且清一色都是綠的，看了實在有點噁心！後來Ｌ老師追問呂大姊為何會這樣，呂大姊才告訴Ｌ老師關於她被人用法術迫害的事情，而且這種情況已經好幾年了，幾乎就從她生重病開始。

L老師查了一下呂大姊的狀況，然後說：「對方（指加害呂大姊的大魔頭）能力很強且夠狠毒，所以才能使用這種能量強到足以把無形界的東西具象化到我們所在世界的法術，否則一般道士是無法使用這種高等級的害人法術的！」

接下來的這半年間，在大家的努力下，呂大姊身上的符法病化解了一大半，不過偶爾還是會從她身上拍打出一些噁心的昆蟲。我想，還真可惜沒讓我親眼目睹，不然像我這樣的好奇寶寶很可能會把那些綠色的臭蟲抓起來做成標本當紀念喔！

而在那之後的某次機緣下，我和我的推拿老師分享這個讓人瞠目結舌的事，而這位陳老師也是位有智慧而且靈格很高的通靈人，並且和L老師互不認識。他告訴我說：「這種無形變有形的事情的確不太常見，那代表對方的法力或怨力很強大。我自己以前也曾遇過一個例子，同樣是符法問題，在我師父化解以後，真的憑空從患者腳下跑出蜈蚣、蜘蛛和蟾蜍之類的髒東西，不過被我師父用葫蘆收起來了，我還記得空葫蘆收起那些髒東西之後，還會先震動一下呢！」可見這種狀況也不只發生在呂大姊一人身上，還真是害人不淺的符法啊！

另外這件可真的是我眼見為憑的案例，這是發生在呂大哥身上的事情。

先提一下呂大哥好了，他的靈體相當特別，據L老師說是來自很高的神尊，並帶有大天命。呂大哥雖然沒什麼靈通，只能憑著感覺來接觸無形界，但他卻有著很強的除魔能力，可以把無形界的壞蛋們抓去天牢或是直接除去。光這幾年下來，他就把台灣數十間「受污染」宮廟的陰氣給清理乾淨，並還給宮廟正氣，可以說是個很不簡單的人物。

有一次L老師告訴呂大哥他的右手有很多不乾淨的東西附著在上面，有些是被人家下的符法，有些是打魔的舊傷，為數還不少。

呂大哥：「那快告訴我怎樣把手臂上這些不乾淨的東西清除乾淨吧！」

L老師拿起香，開始對呂大哥的右手唸了些咒語和比劃些東西，過不久便說：「好了，我剛剛先網開一面讓那些壞東西有三分鐘的時間可以離開，不過還是有七成的壞傢伙不願意離開，我現在已經將它們封鎖住，接下來可以開始除掉手臂上的邪氣了。」

我說：「那你們要怎麼處理呢？」

L老師說：「這個不難，而且沛恩你也可以幫忙喔！我保證你不會有事！此外，你可以親自見識無形的負面能量轉換成有形呈現的樣貌。」

我說：「真的嗎？那我可就超有興趣了，我一直好想親眼見識單單只是破解無形符法，卻憑空跳出一堆莫名其妙昆蟲的場面！」

L老師繼續說：「呂大哥右手上的壞東西能量還不夠強，我想應該不至於像呂大姊身上的那麼誇張，連小蟾蜍都跑出來！沛恩你只要用力拍打他的手臂即可，很快就會跑出東西來了。」

L老師先示範，然後用她的手掌開始拍打呂大哥的手臂。不到一分鐘，呂大哥手臂竟浮出一大片青紫色的凸起，好像是一幅圖。

我請L老師暫停一下，然後靠近觀看，心想：「嗯！確實不太像是瘀青，我想假如是瘀青，應該不至於在短短一分鐘內就被手掌拍成這樣，而且還一大片紅腫凸出哩！」

接著由我接手，我也不留情的拍打呂大哥的手臂。又過了三分鐘，有些青紫色的突起區塊開始爆掉，像是吐血般，然後流出暗紅色的東西。

我看了有點吃驚，回過頭來問L老師：「這是血管爆裂嗎？怎麼這麼噁心啊！」

L老師說：「你去問本人的感覺最清楚了。」沒想到呂大哥竟然回說：「舒服多了，繼續打啊！幹嘛停下來！」

L老師繼續說：「那是好現象，不是血管破裂，是不乾淨的東西被打爆。一開始拍打的時候浮現的怪東西，便是它們現形的過程。而現在吐血的，就是已經被處理掉的。那些不乾淨的血不久便會被人體代謝掉，所以你放心囉！」

我當下覺得挺驚奇的，便恭敬不如從命的繼續拍打，不知道後面還有甚麼好玩的事情。而十分鐘過後，呂大哥手上的青紫塊終於都吐出血來，而我們這些打手也打到手超瘦的。

很神奇的是，原先被打爆噴出血來的髒東西，過不久後竟漸漸被他的身體吸收掉，然後又恢復原本皮膚的顏色。這下我才真的確定，這真的不是瘀青和血管爆裂，否則不可能在短短時間內，瘀青爆出血來又恢復原狀。

「喔！天哪！這實在是太神奇了。」眼前的過程大大的挑戰我的科學尺度，令我這個台大人驚嘆不已。

這樣拍打下來，呂大哥的手臂還是會稍稍腫痛的，不過三天後就完全恢復原狀了。

事後，我的實驗精神又開始作祟，也依樣畫葫蘆的用我的右手拍打我的左手臂想玩玩看，看我的手有沒有壞東西。拍打過程中，我發現不但沒有瘀青也沒有像呂大哥那樣一大片青紫色凸起物，手臂只有紅紅辣辣的感覺而已。結果我真是完全服了L老師的判斷和呂大哥的那隻「鬼手」，看來真的有看不見的髒東西在。

我想，無形的世界就是這樣玄奧，使得現今科學仍無法做出解釋，不過還真的很神奇！期盼未來的某一天，我所描述的這些事情能被科學所驗證，如此便能真正取信於大眾，而迷信者和神棍自然也會消失無蹤了。

七．筆先生論紙錢

先前我們在靈學VS.經濟學的篇章裡頭，已經討論過燒紙錢在「經濟學」上的不合理。但除了經濟學外，燒紙錢似乎仍有多方面的問題與爭議存在。以下我們就先分別從環境保護和道德層面來檢視燒紙錢這件事，最後再來和L老師討論燒紙錢是否有用。

首先是最顯而易見，同時也是最常被大家拿出來質疑的環境污染問題。身為台灣人，我們很常見到，只要一有大型的宗教祭祀活動或節日，外頭的天空總是污濁的，而空氣是惡臭的。燒紙錢，就是污染空氣品質的元兇之一！這不但容易造成呼吸系統的疾病，其中金箔、銀箔等有害物質，還有可能導致癌症的發生。此外，紙錢本身的製作原料就是木材。我們砍掉原本能帶來新鮮空氣的樹木，並不經正面利用地把它們做成紙錢直接燒成二氧化碳，實在是自然資源的浪費。而燒紙錢所排放的溫室氣體，也是氣候暖化以及酸雨的元兇之一，使得人們破壞大自然的紀錄又添上一筆。最後，燒紙錢也有釀成火災的風險在，這也是我們不能忽視的生命安全問題。

接下來我們來討論燒紙錢在道德層面上的問題。倘若燒紙錢可以討好甚至是賄賂鬼神，那是不是意味著只有有錢人可以用新台幣買更多紙錢來賄賂鬼神以保祐自己，甚至是消災解厄呢？反過來看，我也想問，難道買不起和不想燒紙錢的人就只能認命等著被鬼神欺負嗎？

而這也讓我聯想到一個例子。我想，很多學過高中歷史的人應該都還記得「贖罪券」這種東西，這是中世紀天主教用來籌募資金的工具。教廷曾經宣稱，購買贖罪券者，能獲得天主赦免原罪，並且直接上天堂。而對於已故之親友，幫他們買贖罪券，還可以減輕他們在煉獄所受的苦，並讓他們直接上天堂。紙錢，在某種程度上，其實就和中古歐洲的贖罪券很相像，呈現出人們一種逃避和偷懶的心理。燒紙錢要是有用的話，我們還需要行善積德嗎？多燒紙錢來抵銷業障就好了，不是嗎？

此外，若是我們燒金紙神明能夠收到並能使用，那就表示神明即使貴為神明，還需要從凡間拿紙錢來「過生活」，同時也意味著凡人得以透過紙錢來支配神明們的經濟和行為，這對神明實在是大不敬的心態啊！神明若還需要你凡人燒紙錢來養，那神明也就不用拜了嘛！因為祂們也沒比較厲害或崇高。

最後，假如燒紙錢這麼有用，那為何在華人圈以外的世界都沒燒紙錢的習慣。難道只有我們華人的祖先、好兄弟們甚至神明需要紙錢這玩意兒，而華人圈以外的無形界都不需要嗎？這完全是說不過去的。所以燒紙錢也不具有普世價值。總結以上我們可以看出，燒紙錢在道德層面上也完全站不住腳。

一度盛行的基督教贖罪券，因為科學和理性思維的萌芽，早已消失在歷史的洪流中。而比贖罪券有過之而無不及的紙錢，為何歷經千年至今仍深植於華人心中，難道是今日華人的科學理性尚不及五百年前的歐洲人嗎？我們應該好好省思才對。總之，關於紙錢的不合理性可以說是一大堆，可是目前看來，台灣的通靈人和宮廟人士好像大多都還認同燒紙錢這回事，無論大、小事都要燒紙錢。這也讓我很不服氣的想先寫下這些論點，再去和L老師來場辯論，結果竟然意外得到L老師也反對燒紙錢的答案。而這些在靈學VS.經濟學的篇章有做說明。

以下，我便請L老師再舉一個親身經歷過的例子，來說明燒紙錢這件事是無用的。L老師說，她認識一位阿姨，這位阿姨是人家的媳婦。她的婆婆生前有很多子女，可是卻沒有人照顧和理會婆婆，幾乎由媳婦也就是這個阿姨一個人照顧。結果老婆婆往生後兒女們才跳出來爭奪家產，並聯合指責這個媳婦不好，以謀求繼承更多家產。後來兒女們想透過「牽亡儀式」來證實這個媳婦沒有資格得到遺產，便事先燒了好幾車的紙錢，以展現他們的「孝心」。可是卻始終等不到阿婆現身。直到媳婦來到現場後，那個婆婆才透過牽亡儀式現身，並附在乩身身上。

那位阿婆的大女兒趕緊向阿婆述說她很孝順，在她往生後七日很用心地燒了很多紙錢給她，並藉此希望阿婆把遺產過給她。結果那位婆婆竟是怒斥她的女兒說：「妳在我死後才燒一大堆紙錢不但一點用也沒有，而且還加深我的罪孽。如果妳真的還有心為我做什麼，應該要改變妳的個性，多做善事來迴向給我才對。」接著那位阿婆又指著她的媳婦說：「雖然我這個媳婦沒有你們聰明，也沒做什麼大事業。可是我往生後才發現她在我生前默默且持續用我的名義來幫我行善布施。而她迴向給我的這些功德，才是真正對我有所幫助的，燒紙錢是完全沒用的。」

故事說完了，不只L老師，當時有很多親友和禮儀社的人員都目睹這一切，心中也多少有些震撼與體悟。

總結紙錢這部分，聖嚴法師曾說過，陰間沒有買賣，沒有貿易，沒有生產，也沒有消費，所以燒紙錢等於浪費。她認為，大家應該從精神上緬懷往生者，並多做些功德，常唸佛迴向給亡者才是正確作法。這和L老師的說法與經歷如出一轍啊！希望大家日後在燒紙錢之前也能想想「我究竟為何而燒」。

八．傳統醫學看無形病

拜現代醫學之賜，不僅幫人類克服了許多急性病和傳染病的威脅，同時也延長了人類的壽命。但即使現代醫學為人類健康帶來這麼大的貢獻，卻仍對於許多慢性疾病、心理疾病以及自律神經失調症無能為力，只能透過藥物來終身控制或緩解不適，這是為什麼呢？這是因為，完整的健康應是指「身、心、靈」三者的同時平衡和充足，而現代醫學僅僅滿足了身的這一塊健康，也就是物質層面的治療，對於另外兩大區塊仍處於理論赤貧的窘境，而那待開發的兩塊醫學涉及的便是「能量醫學」的領域，是超越物質層面的存在。

以下，關於人體健康，我嘗試用「形質面」和「能量面」這樣一軸兩端的模型來做初步檢視。我的看法是，任何一種疾病都很難百分百的歸類於純形質或者純能量層面，即使是車禍外傷，也可能和無形能量干擾有所關聯，像是我們說的「離奇事故」。而所謂的鬼神病，也有業力強到足以具象成實體疾病如腫瘤，在這種情況即使割除腫瘤或消滅癌細胞也是徒勞無功，必定復發。

我便大略畫出這個簡單的健康模型供大家參考。

形質層面 ↔ 能量層面

外傷　發炎　免疫系統疾病　循環系統疾病　精神官能症　鬼神病

所謂形質面，就是人體器官或組織的實質病變。像是：發炎、出血、腫瘤、肝硬化、肺積水……等等。西醫的專長就是在形質層面的處理，他們透過手術和藥物來去除病根的方法，能在形質層面的疾病上立竿見影，頗有顯效。而所謂的能量面，是涉及人體能量變化而產生的疾病。像是失眠、憂鬱症、精神分裂、癲癇以及西醫說的現代文明病「自律神經失調」等。這類疾病在肉體上雖然沒什麼大礙，但病人的主觀感受卻是很痛苦的，也對其生活構成很大困擾。

我們必須要先建立的觀念是，涉及「人體能量」的疾病，未必會有實質病變，但帶給病人的痛苦卻可能不亞於實質病變。而根據上面這個簡單的模型，我們可以推出一個結果。那便是「愈是靠近形質層面的疾病，西醫愈是容易且快速醫治，而愈靠近精神能量層次的一側，愈是讓西醫療法沒輒。」像是外傷和發炎西醫能消毒處理，而到了循環系統疾病西醫只能控制而不能有效治癒，當然更別說是精神官能症了，西醫可能連查驗都相當困難。這個結論可以由各位讀者從生活中常見的西醫所謂的「慢性疾患」來驗證，於此就不多做解釋了。

雖然西醫對於健康的能量層面心有餘而力不足，但這卻是中醫的強項。中醫用天人合一觀來看待人的整體，並以陰陽五行系統做為象徵來觀察和解釋人體內部能量平衡及盈虧。中醫常講的精、氣、神、經絡、穴道……等，便都是非物質呈現卻實存的概念，是更高層次、屬於能量狀態的醫學觀。

而孔子在易經繫辭傳裡有言，「形而上者謂之道，形而下者謂之器」。形而上指的是精神能量層次，而形而下指的便是物質層次。對應在醫學層面上，西醫用物質觀來看待人體，透過手術和生化技術來解決形而下的肉體病變。而相較於西醫，中醫以自然合諧體系來看待人體，把人體視為一個小周天，並用陰陽五行理論來加以詮釋人體能量變化，偏向用道的概念來解決形而上的健康問題。所以說中醫不是玄學，而是把「更高層次的健康概念」也考量進去，進而能讓人們活得既健康又快樂，並彌補西醫在能量醫學上的相對發展不足。

筆先生學習中醫也有一段時間了。現在，讓我感到好奇的一塊是能量層次的極端，涉及身、心、靈健康的「靈」，也就是所謂的鬼神病或無形病，如冤親債主、卡陰、因果病甚至是符法病……等，這些問題純粹是迷信嗎？究竟自古以來的大醫會如何來看待這些病呢？下面我便蒐集了一些資料來和諸位讀者分享和探討。

1.黃帝內經

我們先從黃帝內經、難經、神農本草經和傷寒雜病論這四部至高無上的中醫經典開始說起。黃帝內經是目前所能追溯，中醫最早的理論專書。其內容博大精深，並且處處呈現了中醫天人合一的醫療觀和精神。黃帝內經分成《素問》和《靈樞》各九卷，八十一篇，主要以黃帝和他的老師岐伯對話，來闡述整個中醫學的旨要。

在《素問》移精變氣論篇第十三。

黃帝問曰：余聞古之治病，惟其移精變氣，可祝由而已。今世治病，毒藥治其內，針石治其外，或愈或不愈，何也？岐伯對曰：往古人居禽獸之間，動作以避寒，陰居以避暑，內無眷暮之累，外無伸官之形，此恬淡之世，邪不能深入也。故毒藥不能治其內，針石不能治其外，故可移精祝由而已。當今之世不然，憂患緣其內，苦形傷其外，又失四時之從，逆寒暑之宜。賊風數至，虛邪朝夕，內至五臟骨髓，外傷空竅肌膚，所以小病必甚，大病必死。故祝由不能已也。

註：祝由之術是指古時候巫醫透過祝禱和符咒來治病的方法。

這段話的意思大略是在說，黃帝請教他的老師，為何上古之人治病只需透過祝由之術，就可以有效使病人康復。而在他那個時代的人，用比祝由更重大的醫療方法，即使用帶有偏性的藥治內以及針石治外，卻還不能有效治好病呢？

岐伯認為，這是因為上古之人生活恬淡並且合乎於大自然的規律，病邪不能深入體內，所以透過祝由之術就能夠治癒，反倒是藥草和針石使不上力。而在岐伯的年代可就不同，人內有煩憂，外有苦勞，而且又失去法自然以養生的規律。身體虛弱而又違背自然天時，所以病邪容易深入人體釀成大病。這時候不但祝由之術無效，而且藥草和針石也未必能醫好一個人了。

從這段對話中我們可以得知，上古之人因為無內外的勞形憂心，作息皆合於大自然的法度，所以身體元氣夠充足，使病邪不能夠深入。而也因為上古之人不易得到肉體上的病，這時候生的病，幾乎都是以無形層面的疾病為大宗，所以藉由祝由之術來處理鬼神干擾而影響健康的問題能成為當時主要且有效的醫療手法。從這我們也可以間接得知，為何在文明起源時，巫醫總是掛在一起了。此外，這也說明了無形因素確實會影響健康，否則這種在現代人眼中完全沒有科學根據的祝由之術，何以能成為當時的醫療主流呢？

關於治鬼神病的方法，在《素問》刺法論篇第七十二以及本病論篇第七十三的這兩個遺篇有提及。在刺法論篇中，**黃帝問曰：「人虛即神游失守位，使鬼神外干，是致夭亡，何以全真？願聞刺法。」**岐伯的對答中提到了五臟病虛，又遇到年運和司天相沖，在三虛的情況下，將容易被外來鬼邪侵犯，以致暴斃。岐伯也提出針法來加以應對。接下來這些鬼邪侵犯，使人夭亡的病，在《素問》本病論篇又進而做出詳盡的病理說明。

最後岐伯說道：**人犯五神易位，即神光不圓也，非但尸鬼，即一切邪犯者，皆是神失守位故也。此謂得守者生，失守者死。**得神者昌，失神者亡。意思是在說，不只是這些無形的鬼邪，還包括一切會影響健康的病邪，都是因為一個人精神能量不夠飽滿所導致的。岐伯在最後以強調人在靈魂上的能量，也就是「神」對健康的重要性來做總結，也就是得神者昌，失神者亡。

2. 難經

難經主要是在解釋和補充內經的內容，在難經的第二十難中提到「脫陽者見鬼，脫陰者目盲。」在中國文化的角度而言，神仙為純陽，人為半陽半陰，鬼為純陰。這說明了若是一個人陽氣（即能量）喪失，即使當下不立即死去而變鬼，也會因為身體的一派陰寒無陽之象和鬼的頻率相近，因而容易見到阿飄，也就是脫陽者見鬼的意思。這句話除了肯定鬼魂的存在，同時也說明陽氣對於一個人的重要性。

3. 神農本草經

神農本草經是中國最早的藥典，記載了三百六十五種藥材的性能和功效，對於中醫臨床和文獻皆有著相當貢獻。而不同於其他三部經典，在這部經典中處處可見魂魄、神明、鬼邪、蠱毒等現代人認為迷信的字眼來描述藥材性能和功效。在尚未瞭解老祖宗這些形而上的概念前，還真容易讓初次接觸中醫的現代人以為這是一部迷信的本草學呢！

以下便舉三種常見藥物來看。

人參

味甘，微寒。主補五臟，安精神，定魂魄，止驚悸，除邪氣，明目、開心、益智。久服，輕身、延年。一名人銜，一名鬼蓋。生山谷。

麝香

味辛，溫。主辟惡氣，殺鬼精物，溫瘧，蠱毒，癇痙，去三蟲。久服除邪，不夢寤厭寐。生川谷。

雄黃

味苦，平、寒。主寒熱，鼠惡創，疽痔死肌，殺精物、惡鬼、邪氣、百蟲毒，勝五兵。煉食之，輕身、神仙。一名黃食石。生山谷。

我們可以發現，經文中出現鬼神的例子，在神農本草經中不勝枚舉，三百六十五種藥物中就有近五十種直接言及鬼神。倘若鬼神概念純屬迷信，身為藥典始祖的本經為何要採用這種「很玄虛」的方式來描述呢？而又為何在歷經兩千多年來無數醫家的驗證後，仍被奉為最高的醫藥經典之一呢？

當然有人會辯說，神農本草經的內容應用在現代已不太實際。但我們回頭想想，是這部經典，讓後世醫家們能夠以此為基底配出許多救人無數的方劑，比方說傷寒雜病論中的名方。而既然經歷數千年驗證確立有效，那想必書中處處可見的魂魄、神、鬼、蠱毒等無形概念並非全然是老祖宗的迷信，是具有實質意義在的用詞！話說，人和動物都有「超越物質的那一面存在」，比方說心靈與魂魄。那為何藥草就不能擁有看不見的無形藥氣呢？

最後我想，這些就現代科技看起來玄虛的經文內涵，很可能在未來科技有重大突破時，被解讀出，也就是藥物本身超出物質層次的無形功能。而這個結果，相信將帶領人類突破那些「超越物質層次」的疾病！

4. 傷寒雜病論

到了漢朝末年，醫聖張仲景以「勤求古訓，博採眾方」的精神寫下了傷寒雜病論這部偉大的醫書，為方劑學之祖，是拯救無數人民健康的醫療寶典。但在我翻遍了整本傷寒雜病論，卻始終找不到關於鬼神病的中醫治法，頂多提到病症的呈現狀似鬼神上身而已。那究竟醫聖仲景是如何看待鬼神病呢？以下，我在抄完傷寒雜病論後發現兩個有趣的內容，以此和大家分享。

首先是張仲景在序言中寫道：

余每覽越人入虢之診，望齊侯之色，未嘗不慨然嘆其才秀也。怪當今居世之士，曾不留神醫藥，精究方術，上以療君親之疾，下以救貧賤之厄，中以保身長全，以養其生。但競逐榮勢，企踵權豪，孜孜汲汲，惟名利是務；崇飾其末，忽棄其本，華其外而悴其內，皮之不存，毛將安附焉？卒然遭邪風之氣，嬰非常之疾，患及禍至，而方振慄；降志屈節，欽望巫祝，告窮歸天，束手受敗。賫百年之壽命，持至貴之重器，委付凡醫，恣其所措。咄嗟嗚呼，厥身已斃，神明消滅，變為異物，幽潛重泉，徒為啼泣。

痛夫！舉世昏迷，莫能覺悟，不惜其命，若是輕生，彼何榮勢之云哉？而進不能愛人知人，退不能愛身知己，遇災值禍，身居厄地；矇矇昧昧，蠢若游魂。

其大意是在感嘆當時的知識分子，不用自己傑出的才智去多學習些醫學知識，以保全自己和親人的健康。反倒是不顧健康地去競逐名利，可以說是捨本（健康）逐末（慾望），金玉其外而敗絮其中。哪一天突然生病了，因為自己醫學知識的嚴重缺乏，只能找上巫醫問鬼神，除此之外便束手無策了。等到這些人不得良醫醫治而就此死去後，人的神便離開屍體轉化成另一種存在，屆時只能在陰間哭泣和後悔了。這實在太悲哀了啊！為何整個社會風氣是如此昏迷而不能覺悟來珍惜自己寶貴的健康和生命呢？若是這樣死去，再多的榮華富貴又有何用處呢？因為自己對健康知識的嚴重缺乏，進無法去照顧人，退也無法保護自己。若是遇到災病，便毫無招架之力，只能坐以待斃，真是蠢得像條遊魂啊！

從序中我們可以見到仲景的感嘆以及他對無形界存在的認知。也正因為如此，仲景在序中提到人在肉體死後，靈魂便會回到陰間，所以才能在九泉下哭泣和後悔。另外很有趣的是，仲景用遊魂來形容這些愚昧無知的大眾，可以說是恰到好處。

筆先生在前面有提過，人因為有三魂七魄，所以擁有各種情緒和思維。但鬼魂通常只剩一魂，只有單一思維，幾乎沒有其他複雜思考，說蠢也不為過。仲景的比喻可以說是相當妙，也體現了他對無形界的認知。

接下來，筆先生在桂林和長沙兩大傷寒古本的平脈法第二中發現這兩條經文。

師曰：「脈乍大乍小，乍靜乍亂，見人驚恐者，為祟，發於膽，氣竭故也。」

師曰：「人脈皆無病，暴發重病，不省人事者，為厲鬼。治之以祝由。能言者，可治。不言者，死。」

註：祟病，即由鬼神引起的病症。

從這兩段經文中我們可以更加確定，醫聖張仲景也認同致病因素確實包含鬼神這個無形因子，所以才在傷寒雜病論中提出這兩種由鬼神致病的症狀。像在第二句話可以發現，一個人脈象完全正常，卻突然暴發重病而不省人事，有點類似我們現在查不出原因的暴病，仲景認為這便是厲鬼作祟所導致的，否則就中醫的病理來說，是不應該出現這種狀況的。而正因為致病因素為鬼神侵擾，所以連醫聖仲景也認為，像這種鬼神病，醫者也只能用祝由的方式來處理了。

5. 千金要方

到了唐朝，代表的醫家便是藥王孫思邈和王燾，接下來先要提到的便是孫思邈先生的十三鬼穴歌。

十三鬼穴歌　孫思邈

百邪癲狂所為病，針有十三穴須認，凡針之體先鬼宮，次針鬼心無不應，

一一從頭逐一求，男從左起女從右。一針人中鬼宮停，左邊下針右出針，

第二手大指甲下，名鬼信刺三分深，三針足大指甲下，名曰鬼壘入二分，
四針掌後大陵穴，入寸五分為鬼心，五針申脈名鬼路，火針三下七，
第六卻尋大杼上，入發一寸名鬼枕，七刺耳垂下五分，名曰鬼床針要溫，
八針承漿名鬼市，從左出右君須記，九針間使鬼市上，十針上星名鬼堂，
十一陰下縫三壯，女玉門頭為鬼藏，十二曲池名鬼臣，火針仍要七，
十三舌頭當舌中，此穴須名是鬼封，手足兩邊相對刺，若逢孤穴只單通，
此是先師真口訣，狂猖惡鬼走無蹤。

在古代，癲狂等精神疾病被認為是鬼神作祟。而所謂的鬼穴，就是治療這類疾病的經驗效穴，也因此以「鬼」為名。藥王孫思邈最有名的便是以鬼穴十三針來治療和鬼神因素有關的癲狂和精神病，這也在歷代醫案可見，鬼穴理論對各種無形因素引起的精神病是頗有神效的。

雖然用針灸來驅趕鬼邪很有療效，但因為針下去的瞬間會對患者身上的鬼邪產生巨大刺激，常使病人體內的阿飄被針逼出來後四處亂竄或者直接找上醫家。也因此延

伸出施針者本身必須在下針前先做好防護措施的概念，所以從古至今都存在著一派施針前必先唸咒做好保護的醫師們。關於這種說法，我的中醫老師們和針灸老師也都曾經親身經歷過，他們說，對於有嚴重外靈干擾的患者，針下去的那一刻確實會讓他們瞬間感到不舒服或發冷，想鐵齒都不行了。

我也曾向L老師詢問，問她的陰陽眼是否在針灸過程中看出什麼端倪。她告訴我，她見到某些有嚴重無形干擾的患者，在下針後常常會有強烈邪氣從他們身體內竄出，而且依邪氣種類有不同顏色的呈現（當然這種「氣」也是存在於另一空間的）。L老師說這種針灸釋放的邪氣和病氣，體質比較敏感的人都能感受到，而邪氣夠強的話，就連一旁身體比較虛弱的普通人都可能會中槍，所以事先唸咒加持以做好防護是有道理的，不然那瞬間衝出來的病邪能量可不容小覷。由此看來，自古相傳持針唸咒的知識並非只是迷信，確實是應對那「肉眼看不見的傷害」的保護措施啊！

6. 醫學源流論

接下來要介紹的這兩位便是清初的大醫徐靈胎和清末名醫鄭欽安。徐靈胎先生是除了醫聖張仲景外，我最為欽佩的醫家。在他的專書——醫學源流論裡不但屢屢提出醫學創見，更對於當時醫界的歪風也是針砭入裡，令人耳目一新。其中便有一篇是在說明他對鬼神病的看法——病有鬼神論，更是讓我讀了豁然開朗，拍案叫絕。另外在他的醫案集——洄溪醫案中也有三則精彩的鬼神病治療案例。以下我們便先來看這位大醫對鬼神病的洞見。

病有鬼神論　　徐靈胎

人之受邪也，必有受之之處，有以召之，則應者斯至矣。夫人精神完固，則外邪不敢犯，惟其所以御之之具有虧，則侮之者斯集。凡疾病有為鬼神所憑者，其愚魯者，以為鬼神實能禍人；其明理者，以為病情如此，必無鬼神，二者皆非也。夫鬼神，猶風寒暑濕之邪耳。衛氣虛則受寒，榮氣虛則受熱，神氣虛則受鬼。蓋人之神屬陽，陽衰則鬼憑之，《內經》有五臟之病，則現五色之鬼。《難經》云：脫陽者見鬼。故經穴中有鬼床、鬼室等穴。此諸穴者，皆賴神氣以充塞之。若神氣有虧，則鬼神得而憑之，猶之風寒之能傷人也。故治寒者壯其陽，治熱者養其陰，治鬼者充其神而已。其或有因痰因思因驚者，則當求其本而治之。故明理之士，必事事窮其故，乃能無所惑而有據。否則執一端之見，而昧事理之實，均屬憒憒矣。其外更有觸犯鬼神之病，則祈禱可愈。至于冤譴之鬼，則有數端，有自作之孽，深仇不可解者；有祖宗貽累者；有過誤害人者，其事皆鑿鑿可征。似儒者所不道，然見于經史，如公子彭生、伯有之類甚多，目睹者亦不少，此則非藥石祈禱所能免矣。

徐靈胎先生認為，一個人若是精神充足，處於很健康的狀態，阿飄便難以上身。這是因為阿飄為純陰磁場，而人體的陽氣（能量）強盛而不能相接的緣故。但若是人體的元氣有所虧損，阿飄便容易上身。徐靈胎先生更進一步指出，鬼神來犯就像風、寒、暑、濕這些外感一樣，若是一個人神氣虛了，鬼神容易入侵。以上這些觀點，和黃帝內經所言很相近。

另外，他也引用了內經和難經中關於提及鬼的經文，說明在經脈中確實存在著鬼穴。平常這些鬼穴有神氣充塞防衛著，一旦神氣虧虛了，鬼神便容易從這些穴道進入並附著在人體上，所以治鬼必須要讓病者的精神暢旺而有充足能量充塞於穴道才行。這個觀點也支持了孫思邈和歷代大醫的鬼穴經驗。

此外，若是觸犯鬼神而得到的無形病，比較輕微，靈胎認為祈禱即可癒，實務上從各大宗教都常見到這種做法。但若是冤親債主，或是傷害別人，有其因果，都必須從因果來解，並非單獨用藥和禱告就能讓病家康復，這也支持了前面提到的傷寒雜病論中，仲景對於鬼神病之觀點。最後徐靈胎先生也認為無形病的存在是鑿鑿可證的。

徐靈胎先生把玄虛的無形病以做學問的態度來加以論述，使鬼神病不再讓人因看不見而感到畏懼或迷信，可以說是一篇大作，讓我感到相當敬佩。而在他的洄溪醫案中，就有三篇他親身醫治過的案例，分別是遊魂、失魂和崇病。

接下來便舉他的遊魂醫案來說明。

遊魂醫案

徐靈胎

郡中蔣氏子，患時證，身熱不涼，神昏譫語，脈無倫次。余診之曰：此遊魂證也。雖服藥必招其魂，因訪招魂之法。有鄰翁謂曰：我聞虔禱灶神，則能自言。父如其言，病者果言曰：我因看戲小台倒，幾被壓受驚，復往城隍廟中散步，魂落廟中，當以肩輿抬我歸。如言往招。明日延余再診，病者又言：我魂方至房門，為父親沖散，今日魂臥被上，又為母親疊被掉落，今不知所向矣。咆哮不已。余慰之曰：無憂也，我今還汝。因用安神鎮魄之藥，加豬心尖、辰砂，絳帛包裹，懸藥罐中煎服。戒曰：服藥得寢，勿驚醒之，熟寐即神合。果一劑而安，調理而愈，問之俱不知也。

文章大意是這樣的，有人得了流行病，但卻渾身發熱、神智昏迷、胡言亂語，脈象大亂。徐靈胎先生認為這是所謂的「遊魂症」。雖然服了藥，但還必須把病家的魂給招回來才行。鄰居提供意見說：據說虔誠地向灶神祈禱，就能說話了。他的父親照辦，結果病者果然開口說話。他說他去看戲時，差點被倒掉的戲台給壓到，因而受到驚嚇。之後又去城隍廟中散步，魂脫落在廟中，你們必須抬我去那裡，把魂找回來。

家人如法照辦。次日徐靈胎再去診斷，病者又說：我的魂剛到房門就被父親衝散了。今天魂躺在被子上，又被母親疊被子時抖落了，現在不知道又到哪了。說完便忍不住的咆哮吼叫。徐靈胎安慰他說：不須憂慮，我可以搞定了。便用安神鎮魄的藥物加上豬心尖和辰砂，並告誡大家，病者服藥後就會睡覺，切勿驚醒他。只要熟睡一覺，神魂便接合起來了。之後果然一劑藥就平安無事了，再稍加調理就痊癒了。

關於遊魂症，呂大哥和我另一位朋友都分別經歷過。其中，呂大哥的魂自從被人用符法打傷後，便一直在台九線蘇花公路上徘徊。某次機緣下，仙佛給L老師影像，指出呂大哥流浪魂的所在。而L老師告訴呂大哥這個線索，並依著仙佛指示的那個地點去找，果真在蘇花公路靠花蓮段找到，並將這條魂接回肉體。

L老師說她小時候也體驗過，並說接回遊魂可不是簡單的事情，弄不好的話，還會讓這個人的精神狀況變得更差。所以呂大哥非常幸運。而在找回失魂的當下，呂大哥可以說是精神百倍，充滿活力。之後我再見到他，整個人的氣色竟然有明顯改變，而且人也變得比較不浮躁。我想呂大哥的這個案例更可以呼應徐靈胎先生的醫案，雖然我們看不到，但魂魄的概念卻是真實存在的。另外看來老祖宗用「魂飛魄散」來形容受到驚嚇的人，也真是恰到好處。

7. 醫理真傳

最後要介紹的這一位便是清末大醫，同時也是善用至陽之藥救危急病人於生死間的名門——中醫火神派的祖師爺鄭欽安。在他的醫書中可以見到不少和無形因素有關的理論，而在他的大作——醫理真傳的末頁便附有這篇——禳久病不癒一切怪症奇瘡善法，就讓我們來看一下。

禳久病不癒一切怪症奇瘡善法　　鄭欽安

凡人家中，最難免者疾病，感之輕淺，醫藥可愈。設或感之太重，三年兩載，醫藥無功，此等疾病，非前世罪孽冤纏，即今生不知檢束，積罪累愆之所致也。為人父、為人子、為人弟、為人兄、為人夫者，急宜反生修德，多行善功，或終生戒食牛、犬，或全家齋敬九皇。或買魚物而放生，或施棺木而修路，方便時行，陰功廣積。齋誠滌濾，虔具悔罪祈恩，解厄消災疏文，先申中宮，次申城隍，次申東岳，當空焚之，或可轉危為安。餘常以此法教人，應驗屢屢，亦可以補醫藥之不逮出。

這一篇首先提到了即使是醫術高明、臨床經驗豐富的醫生也會遇到的問題。那就是醫療方向明明準確了，卻一直不見病情好轉。這時就要停下來好好思考，是不是病人的形而上健康（靈魂層次）出了問題。欽安列舉了各種積德的方法，來幫助這些「藥石罔效」的病者化解無形的業障和干擾。而這些看似和病情無關的「積德善舉」，竟然在這位大醫豐富的經驗中，屢屢化解他用藥所不能解的怪病，並彌補了他藥所不能及的地方。所以由欽安先生的經驗，也印證了無形因素致病的狀況是確實存在的，所以我們不該完全忽視這一塊看不見的健康。

總結以上，歷史上仍有太多支持鬼神病雖然看不見但確實存在的醫家，多到筆先生於本文中只能舉出一小部分，而無法羅列。比方說晉朝葛洪在他的肘後方中有對各種鬼神病有詳細介紹，而清朝的沈金鰲在邪祟病源流中對各種鬼神病也有完整體系的論述，有興趣的讀者可以自行參考。而我們可以由這些醫家經驗中得知所謂的無形病並非全然迷信，在歷代中醫文獻中可見其為鑿鑿可證的實存。

現在我最擔憂的是，因為無形病不能夠被肉眼所見以及現代科學所驗證，便給了江湖術士和不肖神棍機會，藉此來斂財騙色。比方說：民間常見號稱「治百病」的昂貴符水或是私煉丹藥，就為宗教騙術居多。

我們用理性思考，世上怎麼可能存在能治百病的萬靈水呢？要是這樣的話，根本就不需要中、西醫學的存在，醫生都回家吃自己，讓道士來治天下病不就好了嗎？此外，若只要砸錢買符水和丹藥就可以治好無形病，那是不是意味著干擾你健康的阿飄不用積德行善來還祂，只要有錢就好了？最可怕的是，這些怪力亂神下的產物，吃了沒效也就罷了，卻常見到有信眾因此吃出大病來，比如說重金屬中毒和器官衰竭之類的，真是得不償失啊！

也是因為這種歪風，使得講求科學的現代人一概把無形病因的說法打入迷信或空談，而真正需要這類幫助的病患，反而得不到幫助，真是相當悲哀啊！所以筆先生在這篇中除了藉由請出歷代大醫來說明無形病確實是存在的，更希望迷信鬼神之人能回頭是岸，正確認識健康和醫療知識。

最後，我們該如何正確去看待和解決無形病呢？其實這真的不難。在醫藥所及之處，我們應該請專業可信賴的中醫和西醫來做治療，這絕對是毋庸置疑的第一步確認！倘若確實屢試而無效，且無論中西醫皆提不出切實的病因，那我們才開始思考是否為無形因素作祟，以免輕易受騙。

假使真的是無形因素所致的健康問題，我們在心態上，應該先試著端正和澄靜自己的心靈，讓心靈的負面能量轉成正面能量。然後就像鄭欽安先生所說的，多行善積德，迴向給身上的冤親債主，讓祂們得以早日轉生，並誠心懺悔自己過去所做的壞事，加以改過自新，而絕不是一味的想花錢辦事！

就像L老師所說的，超渡儀式或其他科儀，充其量只能使無形問題「暫時遠離而不干擾」，而要徹底治本，關鍵仍在於自己的心念是否向善修正。（註：這點相當重要，坊間幫人辦事的通靈人幾乎不會告訴民眾這點，因為這樣就沒有大把鈔票可以賺了。但基於良心，我想我和L老師必須在此將這個正確觀念告訴大家。）

當然，要是無形病因實在嚴重到做任何事都會被干擾，這時才建議去找可信賴且正向的通靈人先透過辦事的方式來做治標的處理，而在之後仍然要靠自己的努力修心行善。如此一來，無形病因必將漸漸消解。而在正統醫學的治療和善念善行的加持下，我相信任何病者都會有那康復一日的！

九．讀校長超心理著作有感

我想大家一定都對李嗣涔先生不陌生，他不但是位在電機領域享有國際學術聲望的學者，同時也是台灣大學的現任校長。更有趣的是，常在報章媒體上見到這位頂尖的科學人卻和特異功能、氣功、通靈現象等現今科學難以解釋的現象扯在一起。這常讓科學衛道人士無法諒解，而一般民眾不能夠理解，進而引起爭議。但究竟問題出在哪裡呢？最後這篇文章，就讓我這個台大學生，就事論事，來「簡評」李校長的超心理著作吧！

回想起我還在中學念書時，就已經耳聞李嗣涔先生的大名，不過總是不太好的傳聞居多，像是和張穎的隔空抓藥騙局扯上關係或是為紙片穿瓶的張寶勝進行理論背書。尤其是後者，在他接任校長之際，竟還招來諾貝爾獎得主——楊振寧教授直斥滿篇謬論，並暗中酸了台灣最高學府的校長不過如此。這讓我有些不服氣，我不懂為何堂堂一個台大教授不好好發揚他在電機領域或是教育領域的長才，卻要沾上這些「偽科學」而成了某些人士的笑柄呢？

不過，在筆先生的台大四年生涯中，經歷了一連串的奇遇，讓我對生命有全新的認識和體悟。而就在這本書即將付梓之際，我無意間在圖書館重新遇見李校長的三本大作，它們分別《人身極機密——人體X檔案》以及《難以置信》的第一集和第二集。現在的我再次遇見校長先生的三部大作，心得感觸竟迥異於四年前的我，不但產生某種程度的認同，也有著很豐富的心得和反思。

我想，也許是此時的心智和時機都比較成熟了吧？

重新認識李校長，讓我深感敬佩之處並不在於他在半導體領域的貢獻卓著，也不因為他是把台大成功帶入百大，而是他勇於朝現今科學所無法解釋的領域去探索，並無懼於「科學衛道人士」的質難和撻伐，堅持揭開未知事物的面紗，就像當年哥白尼挑戰地球中心說那般。

以下，我便以重讀校長先生的《人身極機密——人體X檔案》和《難以置信》三書之心得來和諸位分享。

首先，我發現校長在書中的「神奇體驗」，竟有一大部分和我這段期間的親身見聞不謀而合，讓我相當感同身受。比方說，校長在第一部書前頭提到他曾受邀參加美國的一個公開實驗。主辦人隨機選出五個英文字母和五個數字卡放在黑袋子中，而在眾目睽睽下，受試的特異功能人士竟然只用手而非用眼全數準確的猜中裡面的字母，這機率可是比中大樂透頭獎還要來得小啊！不但讓李校長當場震撼且感動，看到這兒我嚇了一跳，因為這實驗不就和前面提到L老師憑空寫出未知地點的地址和電話很相似嗎？

此外，關於校長致力研究的「手指識字」，有著大量實驗數據背書，我相信其真實性絕對是有所根據的。我曾經請教L老師關於手指識字的問題，L老師也認同這種能力的存在，但她說這應該歸類在特異功能而非靈通。差別在於，特異功能可經由後天學習，但靈通卻幾乎是先天具備的能力，要有天命，時機到了自然會通，所以並非每個人都能練的。L老師並不會手指識字，但她可以直接透過靈通來接收無形界所給予的信息和意念。

相似之處在於，即使關閉肉眼視覺，L老師也能夠接收周遭所給予的意象和氛圍。我想這些異能人士的能力來源並非出自於肉體機能，而是來自於現今科學所不能解的未知空間，是形而上的。否則以現今科學對物質的進步研究，早該破解特異功能和靈通了，不是嗎？

而關於李校長在第一本書所提到「預知未來」的案例，說曾有台大學生偶然在夢中預知豐原高中大禮堂倒塌的慘案以及隔天研究所入學考的試題，我相信是有這個可能的，而這也和L老師預見未來情境的經驗幾無差異，讓人玩味。

以上所述，若非親身體驗，直接感受那打破對既有世界想像的震撼，我想確實是很難取信於他人。就連李嗣涔校長這種科學界的傑出學者都會讓人質疑和戲謔了，更何況是筆先生呢？但是，正如同校長所堅持的理想，我也認為真理絕對包含著人類物質科學所無法到達的那一大塊領域，那懷著理性的精神去探索和驗證，不正是真正的科學精神嗎？

話說回來，雖然筆先生相當欣賞校長的科學精神，但在校長的書中，卻也有很多讓人難以苟同的觀點，而正因為他的書影響力太大了，所以我必須用理性思維勇敢跳出來指出。而說「批判校長」好像有點不知天高地厚，就讓筆先生總結校長的三部大作，並從中提出一些不同見解來和大家討論吧！

一、用選擇題來問事

關於這一點，主要出自於校長的《難以置信II尋訪諸神的網站》。校長在書中透過通靈人T小姐來向她在靈界的師父問事，藉此想瞭解一些宇宙間的根本問題，比方說：外星人和龍是否存在、在人類文明之前是否存在著超文明（亞特蘭提斯？）、宇宙及萬物如何生成的（大爆炸？）、東方與西方神尊的關係……等等。我想我可以認同校長的做法，因為這些宇宙及生命的根本問題實在太重要了，只是以現今的科學發展而言，尚無法觸及這些層面。所以也許我們可以試著秉著科學態度，透過可信賴的通靈人向更高次元來請益，並做為一種分享。雖然仍舊無法證實什麼，但我想在科技能觸及其他空間以前，這未嘗不是個先行探索的辦法。

但問題就來了，校長在書中很多地方都採用選擇題的方式請教信息場師父這些問題。比如說：第184頁問道：請開示，我們這宇宙是如何來的？（1）大爆炸產生的，也就是量子真空擾動，突然產生（2）由上帝創造，也就是由道所產生（3）其他方式。結果T小姐回答主要是（1）。

或是第186頁問道：請開示，神靈是如何產生的？（1）由上帝創造（2）信息場自行演化而成（3）物質宇宙演化到複雜體系而衍生（4）其他。結果T小姐回答說（2）比較接近。

還有，請開示地球人的來源？（1）自行由地球上低等生物慢慢演化而成（2）外星人來地球播種低等生物，再慢慢演化成人（3）外星人類移居地球（4）其他。T小姐表示這太難回答。

我認為，既然吾人已先處於幾近無知的狀態，連可能的因果範圍都不知道在哪，那憑什麼編出可能選項來請教神尊呢？答案很有可能根本不在選項中。接著，用這些科學專業術語，神明能夠理解嗎？此外，這種「問事方式」很容易讓人質疑作假，我想讀者們由以上可見，換作是任何一個人都可以「隨便猜個選項」來唬弄過去！最嚴重的是，校長根本沒有「真正驗證」T小姐是否通靈，而通靈能力到哪，但這些問答卻被寫成論文刊出，也難怪會有一大群物理學者直斥這些研究為偽科學！

我想這種涉及「另一個空間」的東西，以現代科技發展來說，做為分享是可以的，但若是硬要寫成科學論文，不但沒有嚴謹性，也不具有普世性，自然難以被接受。另外在此，我誠心建議校長，下次要通靈問事請採用問答方式，如此才較能夠讓讀者們驗證是否合乎理性，而神明也才能夠暢談道理嘛！

二、最信賴的幾位奇人異士都被踢爆作弊？

在李校長書中最重要的幾位奇人異士，包括手指識字的高橋舞小姐、隔空抓藥的張穎以及紙片穿瓶的張寶勝，都曾在公開場合被踢爆作弊，而且公諸天下。可是，卻未見校長和他的研究團隊對之前的研究成果進行重新驗證，並用更嚴謹的態度去面對，反而試圖幫這些人辯解，這是有失實事求是的精神的。

而我們再看這些校長所信賴的奇人異士在被抓包後，一個消失在表演舞台前，一個被控詐欺起訴，一個據說也被中共當局給逮捕。假如真有神力，為何不敢再出來公開接受社會大眾的驗證呢？而又為何無法在法庭上證明給法官看？而這幾個校長書中的主角都一一被踢爆，卻也讓身為讀者的我們要如何相信書中的真實性呢？而我們也不禁強烈質疑校長實驗的可信度在哪？

此外，我們常常見到，魔術表演讓人驚嘆的程度不亞於特異功能的展現。但是，特異功能必須是真實的，而魔術終歸只是一種表演的戲法，不必為真。可是兩者卻常常傻傻分不清，容易混淆，並因此成為江湖術士用來詐騙的手段，藉由魔術戲法裝成特異功能來欺騙學術界和社會大眾，就像粘立人先生挺身而出戳破張穎的隔空抓藥般。所以，筆先生誠心建議校長下次做實驗時，也務必請專業的魔術師在場，以驗證號稱擁有特異功能的人士是否只是到處斂財的江湖術士！這樣一來也才不會讓惡質的江湖術士玷污學術殿堂。

三、特異功能不等於通靈能力

關於手指識字，我相信，在校長研究成果的背書下，應該是存在的，而至於手指辨識的準確度能夠到多少，在此就先不討論。有校長的學術驗證，筆先生自然也就相信校長的高徒——高橋舞小姐是具有這種特異功能的。只是，能夠手指識字就代表這人具有靈通嗎？我想這兩者並不完全是互通的。可是校長在書中似乎犯了做學術不可犯的錯誤，那就是未加以嚴格驗證，就直接把T小姐的手指識字能力上綱成靈通，並聽從T小姐憑空說出的話，就發表成人體潛能研究論文——與信息場的對話。而關於這些內容，在校長的大作——難以置信II尋訪諸神的網站裡頭也可見。

比方說，校長在書中曾詢問T小姐的師父會幾種語言，師父回說比凡人還來得多，但綜觀全書，師父卻只能夠講T小姐本身就會的三種語言（中、日、英語），而校長也未多拿幾種語言加以驗證。我想要是真存在無形界的師父，何不請他秀幾句T小姐本身不懂的語言來證明呢？另外還有張穎在實驗室進行隔空抓藥時，T小姐也在一旁觀看，並告訴校長說「她看到一道光下來，藥就從她手裡落下來了。」更可愛的是校長先生看到這種景象竟推測：「我實在不知道怎麼解釋，只能說是佛送來的藥。」結果事後遭到粘立人先生踢爆張穎作假，張穎更被以詐欺罪名起訴。我想一般人的經驗分享也就罷了，但這可是在台大實驗室做的「實驗」喔！試問這樣的嚴謹性能不引起社會大眾的質疑嗎？而連帶張穎作假，T小姐也跟著起鬨，不禁讓人質疑T小姐是否憑空亂掰。

最後綜觀這本尋訪諸神的網站我們可以發現，這位「信息場師父」的回答不但沒有講出什麼「超越現今科學的大道裡」，而且都相當以簡短的回答或含糊帶過，甚至連零三年的美伊戰爭是否開打，這種機率大過二分之一的問題，猜錯還要硬掰。這著實讓人「難以置信」校長所說的信息場師父，真的存在嗎？所以，筆先生很誠摯的在此提醒校長，愈是「大膽的」假設，愈是要小心求證，這是做科學的基本態度，不是嗎？

註：諸如此類，書中還有很多不合理的地方在，筆先生建議有興趣深入瞭解的讀者可以參考張開基先生的著作——尋訪諸神網站二書的批判。以及李嗣涔校長研究成果網站http://sclee.ee.ntu.edu.tw/mind/achievement1.htm

四、研究方法聚焦在「果」而非「因」

在研究方法上，校長用現今科技儀器去觀測氣功或通靈人士腦波和神經傳導的變化，試圖找出答案。我覺得出發點很棒，相當富有科學實證精神。但我恐怕這些觀測到的結果都不是「真正的因」，卻是由靈體能量或未知空間產生變化，進而展現在現今科技所能觀察的形質層面「產生的果」。

關於這方面，我想現代醫學就是最好的例子，即使科學界投入極鉅經費和人力在進行大腦和神經傳導的研究，但實際醫療成效卻不彰，仍有太多無法破解的疾病折磨著世人。像是西醫所謂的精神病和自律神經失調症，何以隨著醫學發展卻日益嚴重呢？正是因為這些疾病便是超越肉體層次的病，是屬於心靈或能量層面的疾病，也難怪無論人類物質科學多進步也難以追查出真正病因。

同理，校長用低層次（形質層面）的科學方法來觀察高層次（心靈層面）的能量現象，自然難以得到真正答案以及前因後果。這有點像小孩子看到水從水龍頭流出來，就說水由是水龍頭所生那般。雖然，這也是不得已的辦法，但是若要成為嚴謹的科學實驗，並寫成論文，就絕對不可忽視這個因子，而把因果都給混淆了。

總結以上，雖然校長的研究結果有爭議之處還挺不少的，但我還是很高興能夠遇見這麼一位校長。因為他勇於在既有的科學框架下向未知的領域挑戰，即使可能遭受各界質難，也可能嚐到理論失敗的挫折，但他仍不退縮，堅持朝真理去探索，可謂科學家的真正風範。而這也是我欣賞的科學家精神！

最後，筆先生認為人類必須謙虛面對「科技發展仍有很大進步空間」的這一事實，至少仍侷限在物質科學或物質世界的區塊。是故，我們絕不能對目前的科學成就驕矜自滿，也不能畫地自限，因為只有真正的科學精神才能引領我們探索真理，並和整個大自然和諧共生。

後記

回顧這半年來每天五小時的趕稿人生，我想能夠這麼順利地完成此書，相較於無形界的那些不可思議，也許這才真正是我覺得最「不可思議」的事呢！寫作對我而言一直是件相當沉悶的事，但這一路走來，雖然異常艱辛，卻是關關難過關關過，總會在我需要幫助時就會有人伸出援手推我一把。所以在此，我必須要對那些曾經給我幫助的人致上萬分感謝！

首要感謝的當然是L老師的一路陪伴，讓我能夠度過生命中最低潮的時光，並且有機緣去探索生命本質，我想能夠遇見這麼善良的人實在是三生有幸啊！

接著要感謝的是玉奇學長和好友斌彥將近一年時間不間斷地幫我審稿，並給了我很多想法和意見。

感謝辛苦養育我的父母親和家人。

感謝馬凱老師的建議和鼓勵，給了我相當多的啟發。

感謝我的高中同窗「二三子」們一路相挺。

最後，還是那句老梗，要感謝的人實在太多了，那就謝天吧！

國家圖書館出版品預行編目資料

當台大人遇見通靈人：科學與靈學的交鋒 / 筆先生著.
－－第一版－－臺北市：宇河文化出版；
紅螞蟻圖書發行，2012.3
面　公分－－(靈度空間；8)
ISBN 978-957-659-884-5（平裝）

1.通靈術　2.宗教與科學　3.文集

296.107　　101001670

靈度空間 8

當台大人遇見通靈人：科學與靈學的交鋒

作　　者／筆先生
美術構成／Chris' office
校　　對／楊安妮、朱慧蒨、筆先生
發 行 人／賴秀珍
榮譽總監／張錦基
總 編 輯／何南輝
出　　版／宇河文化出版有限公司
發　　行／紅螞蟻圖書有限公司
地　　址／台北市內湖區舊宗路二段121巷28號4F
網　　站／www.e-redant.com
郵撥帳號／1604621-1　紅螞蟻圖書有限公司
電　　話／(02)2795-3656（代表號）
傳　　真／(02)2795-4100
登 記 證／局版北市業字第1446號
法律顧問／許晏賓律師
印 刷 廠／卡樂彩色製版印刷有限公司
出版日期／2012年 3 月　第一版第一刷

定價 320 元　港幣 107 元

ISBN 978-957-659-884-5　　Printed in Taiwan